JN291189

道徳教育の可能性

中戸義雄・岡部美香 編著
Yoshio Nakato, Mika Okabe

その理論と実践

ナカニシヤ出版

まえがき

 かつて21世紀は「未来」として語られていた。そして私たちはいまその「未来」に立っている。そこで見えてきたものは何か。連日のようにメディアが伝える出来事や事件は、私たちのこれまでの経験からは理解できないことが多い。これは教育や子どもに関することも例外ではない。大人が子どもに生き方を示すことは容易ではなくなっているといえるだろう。このような状況の下で、いったい道徳教育は可能なのか、もし可能であるならそれはどういうあり方が可能なのか、という素朴な問いが本書の出発点である。本書は、教職課程で「道徳教育の研究」の授業を受講する学生を主な対象としているが、広く道徳問題に関心を寄せられている方にも理解していただけることをめざして執筆された。本書の特徴として、次の3点を挙げておく。

① 「もの」としての道徳ではなく、「こと」としての道徳。

 本書では、道徳および道徳的な価値を、脱文脈化された普遍妥当的に存在する「もの」としてとらえるのではなく、人と人、人とモノ、人と世界といった具体的な関係のなかで立ち現われてくる状況依存的・文脈依存的な「こと」としてとらえる。

② 現代的課題に関する考察を中心とした第Ⅰ部・理論編。

 第Ⅰ部・理論編では、「道徳と倫理」（第2章）、「道徳教育の歴史」（第3章）、「道徳教育における発達と生成」（第4章）、「道徳規範の諸側面」（第5章）といった、事項の解説や概念整理の章に加えて、美的なもの、悪（「逸脱」）、情報・生命・環境などの応用倫理といった、道徳および倫理の領域における現代的課題について考察する章を設けている。事項の解説や概念整理についても、①に述べた視点から、諸々の現代的な課題を考察するための手がかりや概念枠を提供するような内容をめざした。

③ 現職教員による授業や指導案の紹介・解説を中心とした第Ⅱ部・実践

編。

　第Ⅱ部・実践編では、教育実習などで道徳の授業を構想し、指導案を書いて、授業を実践する際に参考となるよう、道徳の授業に関する今日的な傾向や新たな実践的試みについて述べている。ここ数年間に実施された興味深い授業を紹介するとともに、授業構想のヒントや指導案作成の基本を解説する。なかでも特に、「総合単元的な道徳の授業」と「交流（体験）を通した道徳性の育成」という、近年、道徳教育において注目されている動向に関しても、その成果と留意点について考察を行なった。また本書では、これまでほとんど見られなかった幼稚園における道徳性の育成と養護学校における道徳教育についても取り上げている。

　最後になったが、出版事情の厳しい状況にもかかわらず、本書の出版をお引き受け下さり、さまざまなご助言を頂いたナカニシヤ出版編集部に心よりお礼を申し上げたい。

　2004 年 11 月

編　著　者

目　次

まえがき …………………………………………………………………… i

Ⅰ　理論編：多様なかかわりのなかで

第1章　道徳教育は必要か……………………………………………… 4
1　はじめに ………………………………………………………… 4
2　道徳をとらえる視点 …………………………………………… 5
3　これまでの道徳授業 …………………………………………… 6
4　学校教育のなかの道徳授業 …………………………………… 10
5　道徳授業の意味をどうとらえるか …………………………… 11
6　おわりに ………………………………………………………… 12

第2章　道徳と倫理……………………………………………………… 14
1　人類の歴史と道徳・倫理の起源 ……………………………… 14
　（1）生命の誕生と進化 ………………………………………… 14
　（2）人類の歴史と道徳・倫理の起源 ………………………… 15
　（3）道徳や倫理の語義と由来 ………………………………… 15
2　古代ギリシアにおける道徳と倫理 …………………………… 16
　（1）ソクラテス以前 …………………………………………… 16
　（2）神話的世界観と自然学 …………………………………… 17
　（3）ソフィストの出現と活躍 ………………………………… 18
　（4）ソクラテスの倫理的な問い ……………………………… 19
　（5）アリストテレスの倫理学 ………………………………… 20

- （6）ヘレニズム時代の倫理思想 …………………………………… 21
- 3　近代ヨーロッパにおける道徳と倫理 …………………………… 23
  - （1）中世から近代への人間観の転換 …………………………… 23
  - （2）功利主義の倫理学説 ………………………………………… 24
  - （3）カントの道徳哲学 …………………………………………… 25
- 4　現代社会における道徳と倫理 …………………………………… 26
  - （1）道徳・倫理上の新しい諸課題 ……………………………… 26
  - （2）人間の自然本性と道徳・倫理の課題 ……………………… 27

第3章　道徳教育の歴史 …………………………………………… 30
―― 社会的動向のなかで ――

- 1　はじめに …………………………………………………………… 30
- 2　近代学校成立以前の道徳教育 …………………………………… 31
  - （1）封建制度のもとにおける道徳教育 ………………………… 31
  - （2）寺子屋における道徳教育 …………………………………… 31
- 3　明治時代の道徳教育 ……………………………………………… 32
  - （1）学制期の道徳教育 …………………………………………… 32
  - （2）知育重視の欧化主義から徳育重視の儒教主義へ ………… 34
  - （3）教育勅語のもとでの道徳教育 ……………………………… 35
- 4　大正時代の道徳教育 ……………………………………………… 37
  - （1）大正デモクラシー …………………………………………… 37
  - （2）大正自由教育期における道徳教育 ………………………… 38
  - （3）ファシズムへ ………………………………………………… 39
- 5　ファシズム期の道徳教育 ………………………………………… 40
  - （1）国民学校の発足 ……………………………………………… 40
  - （2）国民学校における道徳教育 ………………………………… 41
- 6　戦後の道徳教育 …………………………………………………… 43

（1）社会科教育のなかの道徳教育……………………………………… 43
　　　（2）「道徳の時間」の特設………………………………………………… 44
　7　おわりに ……………………………………………………………………… 45

第4章　道徳教育における発達と生成 …………………………… 47
　1　はじめに ……………………………………………………………………… 47
　2　発達の道徳教育について …………………………………………………… 47
　　　（1）発達について………………………………………………………… 47
　　　（2）発達の道徳教育の特徴……………………………………………… 48
　3　生成の道徳教育について …………………………………………………… 50
　　　（1）生成について………………………………………………………… 50
　　　（2）生成の道徳教育の特徴……………………………………………… 53
　4　『アカルイミライ』から考える生成の道徳教育 ………………………… 54
　　　（1）『アカルイミライ』について……………………………………… 54
　　　（2）相互生成の道徳教育………………………………………………… 56
　　　（3）生成の道徳教育における先行世代の責任………………………… 58
　5　おわりに ……………………………………………………………………… 60

第5章　道徳規範の諸側面 ………………………………………………… 62
　1　はじめに ……………………………………………………………………… 62
　2　道徳は人によって違うのか ………………………………………………… 63
　　　（1）道徳的主観主義の考え……………………………………………… 63
　　　（2）主観主義の問題点…………………………………………………… 65
　　　（3）道徳判断と判断理由の必要性……………………………………… 66
　3　道徳は社会や時代によって違うのか ……………………………………… 68
　　　（1）道徳的相対主義の考え……………………………………………… 68
　　　（2）道徳的相対主義の意義……………………………………………… 69
　　　（3）道徳的相対主義の問題点…………………………………………… 70

（4）人間に共通の価値……………………………………………… 72
　4　人が道徳的に振舞うのは，自分のためか……………………… 73
　　（1）心理学的利己主義の考え……………………………………… 73
　　（2）人の行為は，一種類に括れるのか…………………………… 76
　　（3）人のためと自分のためは，両立しないか…………………… 77
　　（4）人の満足から，満足を得てはいけないか…………………… 78
　　（5）人のためと自分のための間に，明確な線は引けるか……… 79
　5　まとめ…………………………………………………………………… 80

第6章　美的なものと道徳 …………………………………………… 82
――感情・道徳的判断力・充実した生き方――

　1　はじめに……………………………………………………………… 82
　　（1）本章の構成……………………………………………………… 82
　　（2）美的なものとはどのようなものか…………………………… 82
　　（3）美的なものと感性……………………………………………… 83
　2　美的なものと感情…………………………………………………… 84
　　（1）美的なものと感情……………………………………………… 84
　　（2）道徳的能力としての感情……………………………………… 84
　　（3）美的なものを通じての感情の教育…………………………… 86
　3　美的なものと道徳的判断力………………………………………… 89
　　（1）美的なものと道徳的判断力…………………………………… 89
　　（2）物語の形式をもった芸術作品と当たり前の道徳的規範…… 90
　　（3）劇を用いた学校教育の実践例………………………………… 92
　4　美的なものと充実した生き方……………………………………… 95
　　（1）充実した生き方を追求する能力……………………………… 95
　　（2）美的なものと充実した生き方………………………………… 96
　　（3）学校教育の実践例……………………………………………… 97

第7章 悪について
　　　　──欲望とメディア──

- 1　はじめに …………………………………………………………… 100
  - （1）悪のイメージ……………………………………………… 100
  - （2）歴史の虚しさ……………………………………………… 101
  - （3）悪の近さ…………………………………………………… 102
- 2　悪の時代 …………………………………………………………… 104
  - （1）悪の輪郭…………………………………………………… 104
  - （2）揺らぐ悪の輪郭…………………………………………… 105
- 3　悪とメディア ……………………………………………………… 106
  - （1）1ケースとしての酒鬼薔薇事件………………………… 106
  - （2）境界線を引くメディア…………………………………… 107
  - （3）意味を消し去るメディア………………………………… 108
  - （4）二つの物語………………………………………………… 110
  - （5）悪を引き寄せるメディア………………………………… 111
- 4　むすび ……………………………………………………………… 112
  - （1）人間学機械………………………………………………… 112
  - （2）新たな道徳………………………………………………… 114

第8章　情報社会の倫理

- 1　梅棹忠夫が予言した情報社会…………………………………… 117
  - （1）情報社会とは……………………………………………… 117
  - （2）梅棹が前提としていた情報産業の倫理・道徳 ………… 119
  - （3）消費社会と技術革新……………………………………… 120
- 2　新しい情報技術と新しい道徳的・倫理的態度 ………………… 122
  - （1）コピー技術と著作権……………………………………… 122
  - （2）新しい技術と情報化の影………………………………… 123
- 3　子どもへの教育 …………………………………………………… 124

（1）情報モラル············124
　　　（2）ネチケット············126
　　　（3）情報倫理············129
　　　（4）おわりに············130

第9章　応用倫理············132
　　　――生命・環境――

1　はじめに············132
2　新しい死とのかかわり············133
　　　（1）脳死とは何か············133
　　　（2）脳死と臓器移植············134
　　　（3）脳死は本当に人の死か············134
　　　（4）家族の問題············135
3　新しい生とのかかわり············137
　　　（1）代理出産とは何か············137
　　　（2）ベビーM事件············138
　　　（3）国内の動向············139
4　動物とのかかわり············141
　　　（1）生命の尊重············141
　　　（2）動物への思いやりと菜食主義············141
　　　（3）菜食主義は不自然か············143
5　環境とのかかわり············146
　　　（1）われわれと環境············146
　　　（2）共有地の悲劇············147
　　　（3）ハーディンの提案············148

Ⅱ　実践編：新たな試み

第10章　道徳教育の現代的傾向 …………………………… 152
1　はじめに ……………………………………………… 152
2　戦後における道徳教育の変遷 ……………………… 153
　（1）読み物資料の登場 ………………………………… 153
　（2）「期待される人間像」 …………………………… 154
　（3）「生きる力」と「キレる子ども」 ……………… 155
　（4）道徳教育の充実のための具体的方策 …………… 157
3　おわりに ……………………………………………… 159

第11章　心を育てる学級づくりと道徳の授業 ………… 162
　　　　　──新米教師の奮闘記──
1　新米教師の苦悩 ……………………………………… 162
　（1）5月末の奈々美学級の実態 ……………………… 162
　（2）Q-Uテストによる学級の育成計画 ……………… 163
2　道徳授業の充実に向けて …………………………… 165
　（1）道徳授業が成立する学級づくり ………………… 165
　（2）3学期の奈々美学級 ……………………………… 166
3　1年間を振り返って ………………………………… 168

第12章　道徳の授業 …………………………………………… 171
　　　　　──小学校・えんぴつの授業──
1　道徳教育 ……………………………………………… 171
　（1）道徳で育てたい〈かかわり合う力〉と〈感受力〉 …… 171
2　授業の実際　第1学年指導案──「えんぴつ」── …… 172
　（1）本授業の計画 ……………………………………… 172
　（2）授業中の指導 ……………………………………… 174

3　授業を振り返って ……………………………………………… 178
　　（1）道徳的価値と体験……………………………………… 178
　　（2）自作資料について……………………………………… 179

第13章　道徳の授業 ……………………………………………… 180
　　　　　──中学校・ツインバスケットの授業──
　1　はじめに ………………………………………………………… 180
　2　全体計画 ………………………………………………………… 180
　3　学級活動を通した人間形成 …………………………………… 183
　4　生徒の反応および成果と今後の課題 ………………………… 186
　　（1）生徒の感想……………………………………………… 186
　　（2）成果と今後の課題……………………………………… 187

第14章　幼稚園における道徳性の育成 ……………………… 189
　1　はじめに ………………………………………………………… 189
　2　保育の実践 ……………………………………………………… 191
　　（1）4月主題「出会う」…………………………………… 191
　　（2）5月主題「見つける」………………………………… 191
　　（3）6月主題「やってみる」……………………………… 192
　　（4）7月〜8月主題「たのしむ」………………………… 193
　　（5）9月主題「いっしょに」……………………………… 194
　　（6）10月主題「とりくむ」………………………………… 194
　　（7）11月主題「気づく」…………………………………… 195
　　（8）12月主題「みちたりる」……………………………… 195
　　（9）1月主題「工夫する」………………………………… 196
　　（10）2月主題「ともだち」………………………………… 197
　　（11）3月主題「大きくなる」……………………………… 197
　3　道徳性の育成 …………………………………………………… 198

第15章　障がいのある子どもが主体的に取り組む
　　　　　ことのできる交流学習 …………………………… 200

- 1　はじめに ……………………………………………………… 200
- 2　交流学習の概要（1996年6月-1997年7月） ……………… 201
- 3　「お楽しみ会」に至るまでの経過（Ⅰ期） ………………… 201
- 4　単元「お楽しみ会をしよう」の取り組み（Ⅱ期） ………… 203
  - （1）取り組みにあたって ………………………………… 203
  - （2）本校の子どもへの「願う姿」 ………………………… 204
  - （3）取り組みの実際 ……………………………………… 204
  - （4）お楽しみ会を終えて ………………………………… 208
- 5　「お楽しみ会」後の取り組み（Ⅲ期） ……………………… 209
  - （1）劇作りの発展 ………………………………………… 209
  - （2）H組で実施した本校教諭による授業 ……………… 209
- 6　H組との交流学習を振り返って …………………………… 211
- 7　おわりに ……………………………………………………… 212

第16章　教師が生きる道徳の授業 ………………………… 213
　　　　　――「稲刈り」の失敗と「芋ほり」の成功――

- 1　はじめに ……………………………………………………… 213
- 2　小学校と養護学校との交流 ………………………………… 213
- 3　小学校と養護学校との交流活動の実際 …………………… 215
  - （1）6年生10月「稲刈りを一緒にしよう」 ……………… 215
  - （2）6年生11月「芋ほりを一緒にしよう」 ……………… 217
  - （3）6年生1月・2月「交流を振り返ろう」 ……………… 218
  　　　――道徳の授業を中心に――
- 4　教師が生きる道徳とは ……………………………………… 221

道徳教育の可能性
―― その理論と実践 ――

Ⅰ　理論編：多様なかかわりのなかで

第1章
道徳教育は必要か

■中戸義雄

1 はじめに

　私は教職課程で「道徳教育の研究」の授業を担当している。数年前にある大学の理学部の女子学生からこう尋ねられたことがある。「私，中学校の数学の教師になろうと思っているんですが，数学の教師になる人間がなんで道徳教育の勉強をする必要があるんですか？」と。思いもかけない質問であったので，少し驚いてしまった。なぜそう思うのかという私の問いに対して，彼女はこう答えた。「だって，数学の教師は数学を教えるのが仕事だし，学級担任にならないと道徳の授業をもつことはないでしょ。それに，中学校になったら道徳の時間は別の教科の補習や学級活動に使われることが多いんですよ。それなのに半年もかけて単位を取らないといけないのはあまり納得がいきません」。そのときは私なりにいくつかの理由を挙げて彼女に答えたつもりであったが，本人が十分に納得したかどうかは定かではない。
　授業を受けるのが面倒なだけの甘えであると，彼女の言葉を片づけてしまうことは簡単である。しかしこの疑問には，学生たちが小学校・中学校時代に体験してきた道徳教育の実態，そして彼らの道徳教育への共通認識が反映されていると考えることができるのではないか。彼女の疑問にもう一度答えるつもりで，本章の考察を進めていきたい。

2　道徳をとらえる視点

　道徳とは何だろうか。整然とした定義を示す前に，私たちのなかにある道徳のイメージを一度確認しておくことも意味はあるだろう。「道徳とは……である」の「……」にあなたならどんな言葉を入れるかという質問を学生にすると「社会生活の基準」，「社会の秩序」，「社会のなかに浸透している守るべき決まり」，「人としてあるべき道」，「人間の正しいあり方」，「法律のような外からのものではなく，それぞれの個人の内にある原理」といった答えが返ってくる。社会の決まりというように，社会のあり方にかかわる道徳と，人間のあるべき姿というように，おもに個人のあり方にかかわる道徳とにわけることができるかもしれない。「人のふみ行うべき道。ある社会で，その成員の社会に対する，あるいは成員相互間の行為の善悪を判断する基準として，一般に承認されている規範の総体。法律のような外面的強制力を伴うものではなく，個人の内面的な原理」という広辞苑（第5版）による定義にもこのことは表われているといえるだろう。

　では，ジョン・デューイの考察をもとにしてこの点を少し整理してみよう（ただし，道徳のとらえ方も一つではないので，さまざまな論者が道徳についてどう考えてきたかは読者自身が調べ，そして考えるように）。デューイは道徳をその成立起源に従って「慣習的道徳」(customary morality) と「反省的道徳」(reflective morality) とに区別する。慣習的道徳とは，行為の基準をある共同体のなかで伝えられてきた社会的慣習や習慣に置くものであり，反省的道徳は共同体の変化などによって慣習的道徳が妥当しなくなった場合の道徳のあり方である。どのような行為が正しいものであるかを，慣習の枠を越えて問われる場合に反省的道徳が生じ，それが体系的に行なわれる場合に道徳理論や倫理学となる。デューイは「道徳理論は，何が正しく，何が不正であるかについて，明確な信念が存在しているときには，出現しない。というのは，そこには反省を行なう，いかなる機会も存在しないからである」(1) と述べ，慣習的道徳と反省的道徳との違いを「前者からは，はっきりした指針，規則，明確な命令，禁止がでてくるのにたいし，そうしたものは，後者

からでてこないという点(2)」にあるとしている。

　道徳教育との関係でいえば，慣習的道徳に力点を置くなら，その社会のルールを子どもが身につけることができるように教えることがポイントになる。しつけなどがその代表的な例だろう。反省的道徳の場合は，何かを伝えるということよりも，批判的思考力や合理的判断力を育てていくことが追究されることになる。

3　これまでの道徳授業

　では，従来の道徳授業はどのようなものであったか。戦後の変遷については第10章を参照してほしいが，まず以下の道徳資料に目を通してほしい。これは小学校高学年用として使われることが想定されている。

手品師

江橋照雄　作

　あるところに，うではいいのですが，あまりうれない手品師がいました。もちろん，くらしむきは楽ではなく，その日のパンを買うのも，やっとというありさまでした。
「大きな劇場で，はなやかに手品をやりたいなあ。」
　いつもそう思うのですが，今のかれにとっては，それは，ゆめでしかありません。それでも，手品師は，いつかは大劇場のステージに立てる日の来るのを願って，うでをみがいていました。
　ある日のこと，手品師が町を歩いていますと，小さな男の子が，しょんぼりと道にしゃがみこんでいるのに出会いました。
「どうしたんだい。」
　手品師は，思わず声をかけました。男の子は，さびしそうな顔で，おとうさんが死んだあと，おかあさんが働きに出て，ずっと帰って来ないのだと答えました。
「そうかい。それはかわいそうに。それじゃおじさんが，おもしろい

ものを見せてあげよう。だから元気を出すんだよ。」
と言って，手品師は，ぼうしの中から色とりどりの美しい花を取り出したり，さらに，ハンカチの中から白いハトを飛び立たせたりしました。男の子の顔は，明るさをとりもどし，すっかり元気になりました。
　「おじさん，あしたも来てくれる？」
男の子は，大きな目をかがやかせて言いました。
　「ああ，来るともさ。」
　「きっとだね。きっと来てくれるね。」
　「きっとさ。きっと来るよ。」
どうせ，ひまなからだ，あしたも来てやろう，手品師はそんな気持ちでした。
　その日の夜，大きな町に住む仲のよい友人から，手品師に電話がかかってきました。
　「おい，いい話があるんだ。今夜すぐ，そっちをたって，ぼくの家に来い。」
　「いったい，急に，どうしたと言うんだ。」
　「どうしたも，こうしたもない。大劇場に出られるチャンスだぞ。」
　「え，大劇場に？」
　「そうとも，二度とないチャンスだ。これをのがしたら，もうチャンスは来ないかもしれないぞ。」
　「もうすこし，くわしく話してくれないか。」
友人の話によると，今，ひょうばんのマジック・ショウに出演している手品師が急病でたおれ，手術をしなければならなくなったため，その人のかわりをさがしているのだというのです。

　　　　　　　　〜　中略　〜

　「せっかくだけど，あしたはいけない。」
　「えっ，どうしてだ。きみが，ずっと待ち望んでいた大劇場に出られるというのだ。これをきっかけにきみの力が認められれば，手品師として，売れっ子になれるんだぞ。」
　「ぼくには，あした約束したことがあるんだ。」

「そんなに，たいせつな約束なのか。」
　「そうだ。ぼくにとっては，たいせつな約束なんだ。せっかくの，きみの友情に対してすまないと思うが……。」
　「きみがそんなに言うのなら，きっとたいせつな約束なんだろう。じゃ，残念だが……また会おう。」
　よく日，小さな町のかたすみで，たったひとりのお客さまを前にして，あまりうれない手品師が，つぎつぎとすばらしい手品を演じていました。[3]

　さて，この資料を読んであなたはどう感じただろうか。実際に行なわれている道徳授業の多くでは，手品師の気持ちを子どもたちに問い，約束を守ることの大切さを教師が最後に確認して終わる展開となっている。この教材は，小学校学習指導要領「道徳」の指導内容1-(4)「誠実に，明るい心で楽しく生活する」に対応するものとされている。つまり，手品師のように行動し，次の日小さな男の子の前で手品をすることが「誠実」であると教えようとしているのだ。

　「道徳教育の研究」の授業で大学生にこの資料を読んでもらった上で感想を聞くと，「いい話だ」，「心が洗われる」という意見がある一方で「きれいごと」，「もっと方法はあるはず」という意見もある。両者は対立しているように見えるが，実はこの資料を違うレベルで考えているともいえる。つまり前者はこれを一つの物語としてとらえ，その感想を述べているが，後者はこれを現実の行動としてとらえ，手品師の行動を批判しているのである。「この資料が配られた時，この授業でもまた見え透いたきれいごとを言わされるのかと思ってウンザリしそうになりました」という意見もあった。教師の意図を敏感に読み取ってそのねらい通りの意見をいうこと（一種の推量ゲーム）は，子どもたちにとってさほど困難なことではないし，とりわけこれまでの道徳授業ではそのことが繰り返されてきた。道徳の授業で「友だちと仲良くしようと思います！」と元気よくいっていた小学生の男の子が，その後の休み時間に友だちに殴りかかっていくのを私は見たことがあるが，これは決して例外的な出来事ではないだろう。

　徳目主義の道徳という批判はここに向けられる。徳目というのは，道徳あ

るいは徳を分類した場合の名前，項目のことで，正義や勇気といったものを挙げることができる。たとえば儒教の場合には仁・義・礼・智・信，キリスト教ならば信仰・希望・愛などがそれにあたる。これらはたしかに大切なものだが，その内容について深く考えてみることなしに，こういった教材によって最初から決まったものとして徳目（この教材の場合でいえば誠実）を子どもに教え込もうとするあり方が徳目主義の道徳であり，子どもたちの現実生活と接点をもつことは困難となる。

しかし同じ「手品師」の教材を使っても，教師が指導内容へと誘導することを優先しなければ，子どもたちからは次のような意見も出てくる。

「手品師は考えが浅い」，「何とか少年と連絡をとり，日を変えてもらうことはできなかったのか」，「約束の場所に貼り紙をしておき，少年に理由を伝えればよかったのではないか」，「連絡がとれなくても，後で訳を話せば少年はきっとわかってくれる。そしてその後のステージに招待してあげれば，その方が少年もきっと嬉しいはずだ」等々。

さて，このような意見あるいは行動は「不誠実」なものとして排除されるべきものだろうか。そして，現実の場面では何がより適切な思考・行動といえるのだろうか。

現職の小学校教員である深澤久は，こういった従来型の道徳授業がもつ問題点をかなり強い言葉で次のように指摘している。

①「フィクション（創作）の世界」を現実の生活に引きずり込もうとする強引さとむなしさ。

②多様であるべき個人の感性を，一つの「価値項目」にあてはめようとする非人間性・野蛮さ。

③こうしたことから必然的に生まれる，児童の「たてまえ論」の白々しさ。

もちろん，深澤が指摘している問題点を乗り越えた道徳授業がこれまで皆無であったとはいい切れない。しかし「道徳教育の研究」を受講する学生たちが小学校・中学校で経験してきた授業を振り返って記述した内容からみても，それが圧倒的に少数であることは間違いなさそうである。

4　学校教育のなかの道徳授業

　では，なぜこれほど問題点の指摘される道徳授業が「放置」されてきたのか。その位置づけから考えてみよう。学習指導要領には以下のように記されている（小学校・中学校ともに全く同文である）。

　　　道徳教育の目標は，第1章総則の第1の2に示すところにより，学校の教育活動全体を通じて，道徳的な心情，判断力，実践意欲と態度などの道徳性を養うこととする。
　　　道徳の時間においては，以上の道徳教育の目標に基づき，各教科，特別活動及び総合的な学習の時間における道徳教育と密接な関連を図りながら，計画的，発展的な指導によってこれを補充，深化，統合し，道徳的価値の自覚を深め，道徳的実践力を育成するものとする。

　ここで確認すべきは，道徳授業（道徳の時間）は各教科，特別活動や総合学習の時間と並んで道徳教育を実践する1つの領域に過ぎず，道徳教育は学校教育全体を通して行なわれるということである。そのため，「あえて道徳授業に力を入れなくても，普段の教育で指導を行っているから」ということがいわれる場合もあり，年間標準時間に対して道徳授業が実施される割合は他の教科と比べても低いことが多い。
　また，他の教科とは決定的に異なる点がある。それは道徳授業にはテストもなければ通知票などへの記載もない。授業を行なった上で現われてくるはずの結果，いい換えれば評価活動に関してはほとんど何も行なわれていない。もちろん，学習指導要領にあるような道徳的な心情，判断力，実践意欲や態度などを評価することが可能であるかどうかについては議論の余地はあるだろう。しかしながら，評価がないという事実は道徳授業に対しての教員の取り組みと無関係ではあり得ないはずだ。この点だけを考えれば，忙しさにかまけて手っ取り早く一話完結型の物語資料（最近では既成のビデオ教材も）を使い，おきまりの展開で授業を済まそうとする教員がいてもさほど不思議

ではないのかもしれない。決してそれが望ましいことではないにせよ。最近では，文部科学省が発行し，道徳教育のための補助教材として2002年度から全国の小・中学生に配布し始めた『心のノート』があるから，教材選択にさえ悩まなくてすむという意見もある。一方で，これは子どもたちの心のなかまで国家が統制・管理しようとする戦前の国定修身教科書の復活だという批判の声もあるが。

5 道徳授業の意味をどうとらえるか

「数学の教師になぜ道徳教育の学習が必要か」
　本章の冒頭に紹介した学生からの疑問に対する答えの1つが示された。道徳教育は道徳授業のなかだけで実践されるわけではないということであり，たとえ道徳の授業を担当しなくても道徳教育に関係をもたない教師はいないのである（高校の場合は道徳の時間が設けられていないが，学校の教育活動全体のなかで道徳教育が行なわれることになっている点は同じである）。しかしこれは，学習指導要領の規定という消極的な根拠に基づくものである。では，なぜ道徳教育が必要なのか。
　今日ではこれまでの社会が経験したことのないような出来事が，次々と起きている。脳死問題や遺伝子操作，環境問題やIT革命……。これらは私たちの時代になって初めて直面することがほとんどであるため，さまざま問題が起きたときに私たちがどう考え，どう行動したらいいのかは，いままで受け継がれてきた慣習だけではとうてい対応することができない。「自然を大切にしましょう」というような空疎なスローガンや態度論だけで環境問題をとらえることはできない。牛乳パックのリサイクルがかえって環境に負担をかけているのも現実なのである。戦争やテロといった人間存在の根源にかかわる悪の問題も，これまでの教育の場では考えられもしなかった。もちろん子どもたちがこれらの出来事と無関係に生きていくことは不可能だ。たとえばパソコンや携帯電話とのかかわりを抜きにして，いまの子どもたちのあり方を考えることはできない。このようにみると，批判的思考力や合理的判断力を柱とするデューイのいう「反省的道徳」が現代ほど問われている時代は

ないのかもしれない。つまりそれらの力を育てていくことが，広義での道徳教育につながってくる。

さらに，道徳授業についてはその歴史的な背景もあって不要論も聞かれるが，この時間が設けられている以上はその意味を積極的にとらえていくことが現実的な姿勢といえるだろう。教科の学習や特別活動あるいは総合的な学習の時間のなかで道徳にかかわることがテーマになることはある。しかし，それはあくまでも付随的な場合がほとんどだ。だから，教科や特別活動で身につけた考え方や知識をもとに，自分のあり方や社会のあり方，そしてそれらのかかわりのあり方を集中して考え，学んでいく場を提供するのが道徳授業のもつ意味といえるかもしれない。そしてこれは生徒だけではなく，教師にとっても必要なことであるだろう。教師にとって既知の事柄を生徒に一方的に教え込むという伝達型の教育モデルそのものが，ここでは転換を余儀なくされるのである。もちろん，このことは狭く学校教育に限定されるものではないはずだ。

一人の学生の疑問から出発して，道徳教育そして道徳授業がもつ意味を考えてきた。はたして彼女はこの答えに納得してくれるだろうか。

6　おわりに

さて，本章で考察してきたことを本書の他の章との関係を示しながら，もう一度確認しておこう。

- デューイによれば道徳には慣習的道徳と反省的道徳があった。ただし，道徳のとらえ方も1つではないので，さまざまな論者が道徳についてどう考えてきたかは読者自身が調べ，そして考えてみよう（第2章，第4章，第5章を参照）。
- 生命倫理や情報社会の倫理の問題など，私たちの時代になって初めて直面する問題が多く現われてきている（第7章，第8章，第9章を参照）。
- 道徳教育は道徳の授業だけではなく，各教科や特別活動など学校の教育活動全体を通じて行なうものである（たとえば第6章を参照）。

・道徳の授業は，教科や特別活動で身につけた考え方や知識をもとに，自分や社会のあり方を集中して考え，そして学んでいく場を提供するものととらえられる。
・これまでは徳目主義の弊害が指摘されるような道徳授業も多かったが，教員の工夫などによって多様な実践が行なわれ始めている（第3章および第10章以降を参照）。

それでは，あなたの関心があるところから本書を読み進めていってほしい。そして，私たちとともに道徳教育について考えていこう。

(1) J. デューイ，河村望訳『デューイ＝ミード著作集10 倫理学』（人間の科学社，2002年）32頁。ただし，訳語については本章での議論との関係で，一部訳し変えた部分がある。
(2) 同上，35頁。
(3) 「道徳」編集委員会（代表者 荻原武雄，岩上薫，渡邉満）『明日をめざして道徳6』（東京書籍，2000年）64－67頁。
(4) 山口理『道徳 生きた資料の活用』（国土社，1991年）89頁。
(5) 深澤久『道徳教育原論』（日本標準，2004年）14頁。
(6) 筆者自身，「手品師」のような資料は「旧式」に属するものと考えていた。しかし，この教材を使った学習指導案がインターネット上でも数多く公表されており，また道徳授業の専門家と考えられる現職教員がこの資料を「授業のたび，手品師に対する子どもたちの思いにさまざまなことを気づかされる資料」として推薦していることなどからみても，現在もなお主流にあるものといえるのだろう（『道徳教育10月号 臨時増刊』明治図書，No.554，2004年，105頁を参照）。
(7) 学習指導要領によれば，道徳の時間は教科という位置づけではない。そのため，道徳の場合には「教科」書ではなく，資料や副読本となる。

■ 参考文献
佐野安仁・荒木紀幸編著『道徳教育の視点』（晃洋書房，1990年）。
高橋勝『子どもの自己形成空間』（川島書店，1992年）。
中村清『道徳教育論』（東洋館出版社，2001年）。
土戸敏彦編『〈道徳〉は教えられるのか？』（教育開発研究所，2003年）。

第2章
道徳と倫理

■平野正久

1　人類の歴史と道徳・倫理の起源

(1)　生命の誕生と進化

　宏大な大宇宙の歴史のなかで，およそ46億年前，銀河系宇宙のなかに太陽系が生まれ，その第三惑星として地球が誕生する。地球上の物質の化学的変化が進行し，生命の素材としての有機的物質が増大・蓄積し，ある臨界点に達した結果，およそ40-38億年前，太古の熱い海のなかで，それまでの世界には見られなかった，質的にまったく新しい動態的な物質系，すなわち生命系が出現した，と推測される。生命の誕生である。この新しいシステムは，次の4つの基本的特性を備えていた。第一に，一定の境界膜によって外界から区別され相対的に自立した単位をなしていること，すなわち，細胞（生命の最小単位）という形態を有していること，第二に，自己維持機能をもっていること，すなわち，物質代謝を通して自己保存と活動のためのエネルギーを得ていること，第三に，自己複製・増殖能力を有していること，すなわち，同種の子孫を残す能力をもっていること，第四に，自ら変化する能力，すなわち，突然変異とそれに続く自然淘汰（自然選択）により進化するという能力を有していることである。このような特性をもつ生命系は，総じて自己創出系と名づけることもできよう。

　自己創出系としての生命は，母なる地球の自然環境の変化に対応しながら，悠久の時の流れのなかで，海から川へ，川から陸へ，さらには空へとその生活圏を広げつつ，多様な進化の歩みを続けていった。

(2) 人類の歴史と道徳・倫理の起源

　哺乳類に属する霊長類の進化の過程で類人猿が出現し，さらにその進化の歩みのなかで，最も近縁といわれるチンパンジーとの共通の祖先から別れて，ヒトが人類としての独自の道を歩み始めたのは，たかだか700万年ほど前のことだと推計されている。直立二足歩行により手が自由になるという基本条件のもとで，ヒトは，主に手を用いた活動との関連で高次神経系としての脳，とりわけ大脳新皮質を発達させ，また，直立による咽喉構造の生理的変化にも支えられつつ，種に特有なコミュニケーション手段としての音声言語を開発することができた。猿人，さらに原人，旧人などの段階を経て，約20万年前に新人といわれる現生人類が登場したと推定されている。

　現生人類は，長い間，狩猟・採取という自然の恵みに全面的に依拠する生活を続けていたが，およそ1万年ほど前，農耕・牧畜という画期的な計画経済のシステムを創出することによって，まったく新しい歴史段階に突入した。文明時代の幕開けである。

　さて，狩猟・採取時代の人類は，ある一定規模の群をなして生活していたと推定されるが，それぞれの群（集団，共同体）には固有の掟（生活規範）があったと考えられる。複数の人間が共同生活を営み，群を存続させていくためには，構成員相互の利害対立を調整する共通の規範としての慣習や習俗が必要だからである。たとえば，限られた量の食物を特定の人間が独り占めにしないとか，共同体の内部では殺傷し合ったりしないなどである。このような原始共同体社会における生活規範が人間の道徳や倫理の萌芽的な原初形態であったであろう。さらに，農耕・牧畜による文明時代に入り，共同体内部における富の蓄積や権力の発生に伴い，生活集団の規模が拡大し，社会組織が複雑化していく過程で，そのような慣習的な生活規範ないし社会規範の必要性はより大きくなっていったと考えられる。

(3) 道徳や倫理の語義と由来

　「道徳」という語は，人がふみ行なうべき「道」とそれにかなった行為を可能にする人格特性という意味での「徳」の結合したものであるが，近代以降の日本では，主に近代ヨーロッパ語のモラル（英独仏語のmoralやMoral

やmorale）の邦訳語として使われてきたという経緯がある。そして，これら英独仏語の語源はラテン語のmoralisであるが，それは「慣習」という意味のラテン語mosの複数形moresに由来するとされている。

　また，「倫理」の「倫」は，もともと仲間や輩を意味する語であるが，ここから人と人との間柄を示すという語義が生まれ，それに「理」という語を付すことによって，倫理という語は，そのような人間関係のあるべき原理・原則を規範的に示す概念として使用されてきている。しかし，この語も，西欧文化の導入以来，英独仏語のethicsやEthikやéthiqueの邦訳語として定着してきたものであるが，これらの近代ヨーロッパ語は，「住み慣れた場所」から「慣習」や「習俗」，また，そのなかで育まれた「気質」や「性格」や「一般的精神」などを意味するギリシア語のエトスethosやエートスēthosに由来するとされている。

　さて，道徳と倫理は一般に類義語とされているが，前者が人間の具体的行為にかかわるより実体的な概念として使われるのに対して，後者はより理念的な意味合いを強調して用いられる場合が多いという微妙な差異があるといえよう。そのことは，この問題領域を体系的に研究する学問分野の名称が「倫理学」であることにもあらわれているであろう（道徳の語を冠する場合は，普通は「道徳学」とはいわずに「道徳哲学」と称し，またドイツなどでは，倫理学が，人間の実践的行為にかかわる哲学的考察であることから，「実践哲学」の別称で呼ばれることもある）。

　なお，同じように生活規範や社会規範に属するとされる法律が外的強制力を伴うものであるのに対して，道徳や倫理の場合は，人間の内面的自律に依拠している点に特質があるが，この視点からの探究が重要である。

2　古代ギリシアにおける道徳と倫理

(1)　ソクラテス以前

　人類の歴史においては，長い間，いわば慣習道徳の時代が続いていたが，道徳や倫理の問題を人間に固有な課題として自覚的に取り上げたのは，西欧では，古代ギリシアの哲学者，ソクラテス（Sōcratēs, 前470/469-399）が最

初であったといわれている。しかし、ソクラテスが登場する前の古代ギリシアの思想史を道徳と倫理の視点から考える場合、重要な問題として次の3つに触れなくてはならないであろう。すなわち、神話的世界観と自然学とソフィストである。

(2) **神話的世界観と自然学**

インド・ヨーロッパ語族に属する人びとがギリシアの地に移住し定着し始めたのは、紀元前2千年頃といわれているが、それ以降の社会の発展のなかで、長い間、人びとの生き方や精神を支えてきたのは、主に神話的世界観であった。古来、どのような社会・文化集団においても、太古に起こったとされる一連の物語の形で、世界と人間の起源や、それぞれの集団において遵守すべき慣習や規範などの由来が説明されてきたが、それが神話的世界観であり、古代ギリシアにおけるそれは、ギリシア神話として知られている多神教の世界観であった。

前8世紀頃からは、ポリスといわれる古代ギリシアに固有な政体としての都市国家が成立し、発展していく。ポリスは、反専制君主制的な都市国家であり、自由な市民により構成され、統治されていたが、その発展の過程で、神話的な世界観を乗り越えようとする新しい思考様式が生み出されていく。それが、タレス（Thalēs, 前624頃–546頃）を創始者とする自然学ないし自然哲学であった。神話的な世界においては、ある事象の生起の原因をすべて神々の意志や行為に帰着させて説明しようとしたが、新しい自然学の立場は、そうした超自然的なものを排除し、あくまでも物質的な自然に即して世界を合理的に説明しようとするものだった。タレスのほか、アナクシマンドロス（Anaximandros, 前610頃–540頃）、ヘラクレイトス（Hērakleitos, 生没年不詳、前500頃が活動の盛期）、パルメニデス（Parmenidēs, 前515頃–450頃）、アナクサゴラス（Anaxagoras, 前500頃–428頃）、エンペドクレス（Empedoklēs, 前492頃–432頃）、デモクリトス（Dēmokritos, 前460頃–370頃）などがその代表者であり、それぞれの学説の内容は多様であるが、総じて、宇宙の森羅万象を物質的な自然に基づいて統一的に把握し解釈しようとするものであった点に共通の理論的特質がある。このような非宗教的で合理的な学説が古代ギ

リシアに生まれたのは、ポリスを構成する自由な市民が、宗教的な集団表象から解放されて、個人相互の論議を重ねつつ、経験と理性に基づき、世界の根源についての理論的探究を進めていくことができたからだといえよう。ポリスは、あくまでも奴隷労働を基盤にして成立しえた階級社会であったが、支配階級である自由な市民たちが、その条件のもとで享受しえた閑暇を政治や学問や芸術などの諸活動にふりむけることができたからなのである。

(3) ソフィストの出現と活躍

古代ギリシアにおいて、前5世紀半ば頃から、ソフィストと称される一群の職業的教師たちが現われ、活躍し始める。ソフィスト（英 sophist）の原語であるギリシア語のソフィステス（sophistēs）は、もともとは「知恵のある者」を意味するにすぎなかったが、しだいに特定の専門的な知識や技能をもち、アテナイを中心に都市国家をわたり歩いて、裕福な市民層の子弟を相手に個人教授をして報酬を得る職業的教師をさすようになった。その最も代表的な人物として、プロタゴラス（Prōtagoras, 前490頃-420頃）とゴルギアス（Gorgias, 前483頃-375頃）の名を挙げることができるが、前者は「徳の教師」を自任しつつ多数の青年を指導して名声を博し、後者は政治を志す青年に必要な弁論術の教授において卓越した業績をあげたといわれている。ソフィストたちの多くは、ギリシアの周縁部の出身であり、諸国の遍歴経験も豊富で、そのため他の民族の文化や習俗にも詳しく、人間の多様なあり方を認識し、ギリシアの伝統的な価値観を相対化しうる目を備えていたが、このような相対主義的なものの見方は、「人間は万物の尺度である」というプロタゴラスの有名な言葉に象徴的に示されているといえよう。彼らには、ギリシアの伝統的な保守的思想風土のなかに特有な革新的息吹を吹き込んだという積極的な面のあったことは事実であろうが、その反面、絶対的な価値を認めない立場から、弁論術の巧みさを偏重し、その技術によって誤った内容の主張をも正当化するような傾向も強く、それゆえに「詭弁家」との非難も受けたのである。

(4) ソクラテスの倫理的な問い

　ソクラテスは，古代ギリシアの都市国家・アテナイの一市民として生きたが，その70年の生涯は，民主制国家としてのアテナイの最盛期と衰退期に当たっていたといわれている。

　よく知られているように，ソクラテス自身は著作をまったく残していないので，その思想と行動は，弟子のプラトン（Platōn, 前427-347）による複数の対話篇をはじめ，他の人々が書き残した諸文献によってとらえるほかはない。それらの記述によると，ソクラテスも，青年期には自然を対象とした自然学の研究に熱中したこともあったようであるが，やがてそれにあきたらなさを感じ，人間自身を考察対象に据える方向に転じ，人間の本質を探究する視角から，知を愛し求める哲学者（知の愛求者）としての生活に専念するようになったとされる。

　ソクラテスが思想上の大きな転機を迎えたのは，40歳頃のある事件においてであったと伝えられている。一人の友人が，デルフォイのアポロ神の神殿に赴いて「ソクラテス以上の賢者がいるか」との神託を乞うたところ，それに対する答えは，「ソクラテス以上の賢者は一人もいない」というものであった。それを聞いたソクラテスは，その真偽を確かめるために世に賢者であるとの評判の高い人びとを訪ねて，問答を試みた。その結果，それらの人たちはそれぞれの専門領域のことについては確かによく知っていたが，人間にとって最も本質的に重要な徳に関する事柄などについては十分な知恵をもっていない場合が多く，しかも自分では十分に知っていると思い込んでいる。それらに較べて，ソクラテス自身も知らないことがあるという事実の面では同じであるが，しかし，少なくとも知らないということを知っている，すなわち，「無知の知」という自覚をもっている分だけ，それらの人びとよりも自分の方が賢いということを認めざるを得なかったという。

　アテナイがスパルタとギリシアの覇権を争って破れたペロポネソス戦争（前431-404）に，ソクラテスは愛国者として3度にわたって従軍し，戦功をあげたといわれれているが，そのほか，一度短い旅行をした以外は，生涯アテナイに留まり，街角や市場や体操場など人の集まるところで，だれかれとなく相手を見つけては，主に倫理的な問題についての問いを発し，問答を

通して真の知恵に導こうとした。その際，人間として大事なことは「ただ生きるということではなく，よく生きるということ」であり，その善さの基準は，ソフィストたちが主張したような習俗や法律（ノモス）に基づく相対的なものではなく，人間の自然本性たる自然（フュシス）に基づく絶対的なものであり，その探究こそが，知恵の愛求者（哲学者）としての重要な課題だと考えたのである。

ソクラテスは，祖国アテナイが社会的な混迷に陥り，危機的な状況が進行するなかで，一市民としての立場で，上記の課題に取り組んだのであるが，その際，道徳や倫理の問題を社会的・政治的（ポリス的）存在としての人間の，あくまでも個人の内面にかかわる主体的な決断や選択の課題として考察したところに，従来の慣習道徳としての次元とは異なる，質的に新しい展開をみることができよう。

前339年，70歳のソクラテスは，ミレトスという名の青年から，「国家の定める神々を認めずに，他の新奇な神霊を持ち込み，かつ，青年たちを堕落させた」という2つの罪状で告訴され，法廷において，無罪を主張する弁明を行なうが，多数決によって死刑を宣告される。その後，親友による脱獄と国外移住への勧めをも退け，裁判内容の不当性を信じながら，国家に対する市民の義務を重んずる立場から，自らの意志で毒杯を仰ぎ，従容として死に赴いたと伝えられている。「よく生きる」という人間の究極的課題の達成を自らの生と死を通して実証したと評価されている。

(5) アリストテレスの倫理学

「万学の祖」と称されるアリストテレス（Aristotelēs, 前384-322）は，古代ギリシアの知の巨人であり，哲学，神学，生物学，論理学，政治学，芸術学等々の諸領域において膨大な学問的遺産を残しているが，道徳と倫理の分野においても，師プラトンを介して，学問上の祖父であるソクラテスの問題提起を真正面から受けとめつつ体系的な思索の成果を生みだした。それが，ヨーロッパの思想史上初めての倫理学書である。

アリストテレスの著作として，現在のわれわれが目にすることのできるものは，彼の研究ノートや講義用ノートが死後に整理・編集されて世に出たも

のであり，そのなかで『倫理学』の名を冠するものは複数存在するが，ここでは，子息のニコマコス（Nicomachos，生没年不詳）や弟子のテオフラストス（Theophrastos, 前372頃-288頃）らが編纂したとされている，いわゆる『ニコマコス倫理学』によって，その内容をみてみよう。

本書の冒頭に示されているように，「善（アガトン）」の究明が本書全体を貫く課題であるが，アリストテレスは，人間にとっての「最高善（ト・アリストン）」は「幸福」だとした上で，幸福の内実を吟味する。一般に幸福と訳されているギリシア語のエウダイモニア（eudaimonia）の原義は，「神霊（ダイモン）の加護を得た状態」であり，その意味では「幸運」に近く，しかも，世俗的な成功という意味合いで理解されることが普通であった。しかしながら，アリストテレスは，ソクラテスに倣って，幸福を人間の理想的な生き方を示す「よく生きる」（eu zēn）とほぼ同義のものとしてとらえる視座から，幸福とは快楽や富や名誉などの次元にとどまるべきものではなく，より高次のものであると主張する。そして，このような最高善としての幸福を可能にするのは，人間的な「徳」（アレテー）であると述べる。ギリシア語のアレテー（aretē）とは，もともと，ものの「性能のよさ」や人の「優秀さ」や「卓越性」などという意味であった。彼は，この徳をさらに「倫理的な徳」と「知性的な徳」に大別し，それぞれの内実について日常の経験や実例をふまえつつ詳細にかつ実証的に論究していく。彼によれば，前者は勇気，節制，矜持，穏和，機知，正義などであり，後者は学問，技術，思慮，知恵などであるが，これら両者の徳，すなわち，それぞれの卓越性が十二分に発揮されることによって，個人としても，市民（ポリスの構成員）としても，人間のもつ潜在的可能性が最大限に引き出されるのであり，その状態こそが最高善としての幸福だとされるのである。アリストテレスの倫理学においては，とりわけ中庸の徳を重視していた点と，徳が神与のものであるより，習慣化と教示によって育成可能なものであるとしていた点が注目に値する。

(6) ヘレニズム時代の倫理思想

ソクラテスもプラトンもアリストテレスも，人間の道徳や倫理の問題を考察するにあたっては，個人のレベルでとらえると同時に，アリストテレスの

「人間はポリス的（政治的）動物である」という言葉に端的に表現されているように，あくまでも都市国家（ポリス）の構成員である市民としての側面を重視していた。しかし，アレクサンドロス大王（Alexandros, 前356-323）の世界帝国が出現し，ギリシア世界が拡張して他民族や他文化との接触を通して新しいヘレニズム文化が芽生えていくとともに，伝統的な都市国家の政治的基盤が揺らぎ，思想の世界においても不安定な時代に入っていく。

このような時代状況のなかで，共に紀元前300年頃に活動を開始したのがストア学派とエピクロス学派であるが，それぞれの倫理思想についてみてみよう。

ストア学派はゼノン（Zēnōn, 前335頃-263頃）によって創始されたが，その哲学によれば，自然万有の世界には，物質には還元できない神的な英知が遍在しており，人間にも内在するこの共通の英知を自覚し，それに従って生きることが人生の目的であり，道徳の根本原理である，とされる。

従来の都市国家（ポリス）に代わるものとして，宇宙的秩序としての世界（cosmos）こそが人間にとってのポリスであり，その意味で人間は世界市民（cosmopolitēs）でなければならず，その立場からの世俗的義務の履行も重要な使命であるが，このような宇宙的秩序への透徹した観照により，情念にかき乱されない清澄な平常心としてのアパテイア（apatheia）を養い，厳しい克己心を身につけて理性的に生きることが理想であり，最大の幸福をもたらす，とされたのである。ストア（stoa）は柱廊を意味するギリシア語であるが，アテナイ市内の彩色画が描かれた柱廊でゼノンが講義を始めたことがこの学派名の由来であり，そこから克己主義や禁欲主義という意味で現在も使われる「ストイック」（stoic）という言葉も生まれたのである。

エピクロス学派は，その名の通り，エピクロス（Epikouros, 前341頃-270頃）が創始者であるが，その思想は，デモクリトスを継承した原子論（atomism）と独自の快楽主義（hedonism）によって特色づけられる。

エピクロスは，人間の感覚を重視し，感覚的存在としての人間にとって，快楽（hēdonē）の享受こそが最高善の規準たりうるという快楽主義の立場に立っていた。苦を避け快を求めるという感覚的快楽は人間の自然本性に適ったことであるが，快楽には，肉体的快楽と精神的快楽の二種があるとす

る認識のもとに，彼は，前者を基本的に肯定しつつ，それが節度あるものである必要性を指摘し，それに裏打ちされた仕方での後者のより高い価値を強調している。そして，このような快楽を人間に可能にするものこそ，心の平静な状態としてのアタラクシア（ataraxia）なのであり，そのような意味で，彼のいう快楽主義は，いわゆる享楽主義とは異質なものなのである。たとえば，「胃の腑の快」が生命体としての人間の善の出発点であり，基本的な食欲の充足は重要であるが，それは決して美食というようなものではなく，むしろ簡素な食の楽しみという意味内容のものなのである。

この学派の人たちは，それに付随しがちな苦を避けるために，政治の場などの公的な活動からは身を引き，いわば隠れた生活を送ることをモットーとしていたが，それは単なる孤独な隠遁生活を意味するものではなく，世俗的な権力や栄達などとは無縁な場所での，心の通い合う仲間たちとの共同生活における静かで穏やかな喜びを求めるものであった，と伝えられている。

3　近代ヨーロッパにおける道徳と倫理

(1)　中世から近代への人間観の転換

中世ヨーロッパは，基本的にキリスト教の倫理が支配する世界であった。神の似姿（imago Dei）として造られた人間は，一定の知性と意志をもつ存在とはされたが，その自由は制限されたものであり，あくまでも神の恩寵に身をゆだね，神の定めた道を歩むべき存在だとされた。

このような神中心の人間観が大きく揺らぎ始めたのは，近代の幕開けとされるルネサンスからであるが，新しい人間中心の見方は，イタリア・ルネサンスの代表的人文主義者であったピコ・デラ・ミランドラ（Giovanni Pico della Mirandola, 1463-1494）の「人間は自由意志に基づいて自己の本性を選択し決定する動物である」とする自由意志説に典型的に表わされていたといえるであろう。

ヨーロッパにおける近代社会の成立・発展とともに，きわめて多種多様な倫理思想が生み出されたが，本節では，最も代表的なものとみなされる，功利主義の倫理学説とカントの道徳哲学についてみてみよう。

(2) 功利主義の倫理学説

　商品経済に基づく資本主義の社会体制が最初に成立し発展したのはイギリスであるが，その新しい社会のあり方に照応する明確な倫理思想として現われたのが，功利主義（utilitarianism）の倫理学説であった。

　18世紀のイギリスでは，資本主義経済の担い手たる中産市民層が豊かな経済力を背景に社会的に進出してきていたが，政治の実権は，依然として，封建的な土地所有制に依拠する旧勢力としての王侯貴族や聖職者たちを中心とする特権的な少数者に握られていた。このような歴史的状況のなかで，「最大多数の最大幸福」（the greatest happiness of the greatest number）をスローガンとして，新しい多数者たちの利益を代弁しつつ近代的な国民国家を形成するための倫理原則をうち立てようとしたのは，哲学者・法学者のベンサム（Jeremy Bentham, 1748-1823）であり，その思想を継承・発展させたのが，19世紀に活躍した哲学者・経済学者のJ.S.ミル（John Stuart Mill, 1806-1873）であった。

　ベンサムは，イギリス経験論哲学の伝統に根ざし，快楽を求め苦痛を避けるのが人間の自然本性であるとする快楽主義的な人間観に基づきながら，そのような快楽を生み出すことに役立つ有用な性質，すなわち，功利性（utility）をもって人間の幸福を左右する倫理的な善悪の規準としたのである。その際に特筆すべきは，この功利性原理（the principle of utility）によって，個人レベルにおける道徳的行為の善悪のみならず，社会レベルの課題である政策や立法の正否をも一元的に規定することをめざした点であり，そのような意味での最大幸福を究極的価値とした点であろう。人間社会におけるありうべき快と苦を量的に計算し，それを基準になすべき行為や遂行すべき政策などを決定しようとした点に，彼の理論の特色がみられる。

　J.S.ミルは，ベンサムの学説を継承しながら，人間の快楽の質的側面に注目し，精神的快楽を重視する説を展開した。すなわち，功利性とは，行為者個人の利己的欲求の充足をめざすものではなく，個人が関与するすべての人びと，ひいては社会全体の幸福にかかわるものであり，それゆえに，キリスト教の隣人愛やコント（Auguste Conte, 1798-1857）の利他的感情（人類教）などを包含するものである，と主張した。

その後，功利主義は，英米流の倫理思想として広く影響力をもち続けた。

(3) カントの道徳哲学

18世紀後半のドイツは，いまだ農業を中心とした大小多数の領邦国家の集合体にすぎず，政治的にも経済的にも後進国の状態にあったが，それとは裏腹に思想や文化の面ではきわめて豊穣な時代を迎えていた。統一的な近代国民国家の形成という目標からはほど遠い実状にあったが，そのような現実ゆえに，それを超える普遍的な人間性の理想が強く希求されたともいえるであろう。そのような時代状況のなかで活躍した一人が，ドイツ古典哲学の代表者，カント (Immanuel Kant, 1724–1804) であった。

カントは，ニュートン (Isaac Newton, 1642–1727) の物理学に基づいた独自な宇宙発生論の発表（1755年）で学者としてのスタートをきったが，哲学固有の領域としては，ヒューム (David Hume, 1711–1776) の学説から衝撃を受けて，人間の認識能力についての批判的研究を積み重ね，その学的努力が名著『純粋理性批判』(1781年) に結実したことはよく知られている。さらに，彼は，ルソー (Jean-Jacques Rousseau, 1712–1778) の人間観に触発され，人間の内面にかかわる道徳性の問題を人格の尊厳という視角から考察し，独自な道徳哲学をうち立てたが，その理論の特質は，なによりも普遍的・絶対的な価値基準に基づいている点にあるといえるだろう。

カントの著書『実践理性批判』(1788年) の「結び」には，墓碑銘にもなった有名な一文が記されているが，その大意は，最も強い感嘆と畏敬の念をもって心を満たすものとして，頭上の星空とともに内なる道徳法則（das moralische Gesetz）があるとしていることである。彼は，宇宙万有の神秘に心打たれるのと同等の重みで人間に内在する道徳性に深く思いを致していたのである。

では，人間の内面を律すべき道徳法則とはどのような内容と性格のものなのだろうか。カントは，道徳や倫理の問題を考えるに際して，功利主義とは対照的に，人間の快楽や幸福を起点にするのではなく，道徳の普遍的基準たるべき義務や善意志から出発しなければならないとする立場から，理性的存在者としての人間の自由や自律性に基づいて，道徳的行為の構造を解明しよ

うとした。彼によれば，人間は感性的欲求への傾向性をもつ存在であるがゆえに，理性が要請する道徳的行為の原則は命令として提示されなければならず，その命令の方式としての「命法」には，条件的・相対的な仮言命法（hypothetischer Imperativ）と無条件的・絶対的な定言命法（kategorischer Imperativ）の二種があり，前者は，「何々なら，何々せよ」という，目的と手段を示す方式のものであるが，後者は，端的に「何々せよ」という直截的な内容のものであり，行為にかかわる理性としての実践理性の原則にそのまま合致するものである。カントは，個人の意志に基づいて行為を導く主観的原則を「格率」（Maxime）と名づけているが，この語を用いて，最も一般的な定言命法を「君の意志の格率が，いつでも同時に普遍的立法の原理に妥当するように行為せよ」と定式化している。また，「君の人格と他者の人格の内なる人間性を，単に手段としてではなく，つねに同時に目的として扱うように行為せよ」という定言命法も，人格の尊厳を指示するものとしてよく知られているが，このような内容のものが，カントの意味する道徳法則なのである。

　カントの厳格な倫理・道徳思想は，思想史的にみれば，敬虔主義（Pietismus）の宗教的心情と啓蒙思想（Aufklärung）の合理的意識との結合の産物であると評価することができるであろう。彼は，ケーニヒスベルクの馬具職人の家庭に生まれ，敬虔主義の信仰に篤い両親からの精神的影響を強く受けて育ったと伝えられており，その幼少期からの宗教的体験が彼の倫理観の根幹を形成したと思われるし，また，啓蒙の世紀ともいわれた18世紀ドイツの代表的な学者として，理性重視の立場から，人間個人の内面の声としての道徳意識を法則のレベルにまで一般化し理論化しようとしたのだと考えられるからである。

4　現代社会における道徳と倫理

(1)　道徳・倫理上の新しい諸課題

　20世紀の世界は，前世紀における科学・技術や産業・経済の飛躍的な発展を引き継ぎつつ，前半における二度の世界大戦を経て，後半においては，

東西対立や南北格差の問題をかかえながら，いわゆる先進諸国を中心にして，全体としては，ひたすら物質的な豊かさを追求する方向で未曾有の物質文明を築き上げてきた。そのような基本的潮流のなかで，21世紀に足を踏み入れたわれわれ人類は，道徳と倫理の領域において新しい諸課題に直面しているといえる。

　その代表的なものの一つとして環境倫理の問題を取り上げるべきであろう。人類は，母なる地球の自然環境を自らの欲望のままに支配し，つくり変え，その富を収奪してきた結果，その汚染と破壊はもはや取り返しがつかないほどに進行しているともいわれている。倫理という概念は，人間相互間のあるべき規範という本来の意味範囲を超えて，人間と地球環境，人間と他の諸生物との関係にかかわるものに拡張されねばならない状況に立ち至っているのである。ここでは，固有のエゴイズムに基づく人間優先主義ないし人間中心主義といわれるものが批判的に検討されなければならない。また，同時に，先行世代としてのわれわれには，権利主体としての未来世代に対して，生存に適する地球環境を譲り渡すという倫理的な義務と責任が重く課されているといえよう。そのためには，物質文明の成長の限界を意識しつつ，その持続可能な発展を図る視点から，現世代の生活欲求水準を自覚的に押しとどめる施策も必要となるであろう。

　次に挙げるべきは，生命倫理・医療倫理の課題であろう。生命科学と医療技術の驚異的な発展を背景にして，かつては不可触と考えられたような生命の自然的な領域に人為的な操作の手が加えられるようになってきたが，人間の尊厳とかかわって根本的に検討しなければならない問題が山積している。また，情報化の急速な進展とともに，情報倫理の課題が新たに登場してきたことも，現代社会の顕著な特徴といえるだろう。

　その他，従来からの政治倫理，経済倫理（企業倫理や経営倫理），職業倫理，宗教倫理などの諸領域においても，社会組織の巨大化と複雑化に伴い，社会生活全般にわたる多様な課題が提起されてきている。

(2) 人間の自然本性と道徳・倫理の課題

　生命体としての人間は，自己創出系としての自然本性に従い，自己保存と

自己愛に根ざした自己実現と幸福追求への基本的欲求をもつ個的存在である。しかし同時に，人間は，つねに一定の集団のなかで他者とのかかわりにおいて生きる社会的存在でもある。このような基本構造から導かれる道徳と倫理の課題は，人間が自己と他者との相互関係のなかで共によく生きる道を探究しつつ実践することに存するといえよう。この課題達成のためには，社会生活全般における競争原理から共生原理への質的転換という意識変革が必要であり，それは他者のうちに自己と同質の欲求をもつ同等の人格を認めるという方向性においてのみ可能だと思われるが，このことが人間にとっていかに困難かは人類の歴史が如実に示しているといわなければならない。たとえば，一定の社会集団の枠内では，通常，倫理的にも法律的にも禁じられている殺人行為が，異なる社会集団間において公然とかつ大規模に遂行される戦争という事態に，21世紀初頭の今日，いつ終止符が打たれるか見通しがたたないが，このような世界の現状が上記の事実を雄弁に物語っているといえるだろう。しかし，それがいかに困難であろうとも，ホモ・サピエンス（Homo sapiens，賢い人を意味するラテン語）という学名を自らに与えている人類にとって，戦争を止めて平和な世界を築き上げることは，放棄してはならない永遠の課題だというべきではないだろうか。戦争のない世界は達成可能だという希望を捨ててはならないであろう。ここにこそ，人類の真の賢さが問われているからである。

　そもそも人間という動物は，どこまで道徳的・倫理的たりうる存在なのか。その場合の道徳性や倫理性の内実はいかなるものか。それらは人間の自然本性に根ざしたものなのか。たとえば，利己的な関心を超えて他者の利益や幸福を真に願うという人間の利他的行為は，自然本性に合致したものなのか。

　このような利他性に象徴される人間の社会性や公共性も，その自然本性に根拠をもち，そこから発展したものだと考えたい。このとらえ方は，人間の文化や理性を第二の自然とみなす考え方に通底するものであるが，このような基本的立場に立ってこそ，人間の道徳性や倫理性も形成可能な課題としてとらえることができるからである。

参考文献

中村桂子『自己創出する生命』(哲学書房, 1993 年)。
F.M. コーンフォード, 山田道夫訳『ソクラテス以前以後』〈岩波文庫〉(岩波書店, 1995 年)。
田中美知太郎『ソフィスト』〈講談社学術文庫〉(講談社, 1976 年)。
村井実『ソクラテス』(上)・(下)〈講談社学術文庫〉(講談社, 1977 年)。
プラトン, 藤沢令夫訳『プロタゴラス』〈岩波文庫〉(岩波書店, 1988 年)。
プラトン, 加来彰俊訳『ゴルギアス』〈岩波文庫〉(岩波書店, 1967 年)。
プラトン, 三嶋輝夫・田中享英訳『ソクラテスの弁明　クリトン』〈講談社学術文庫〉(講談社, 1988 年)。
アリストテレス, 高田三郎訳『ニコマコス倫理学』(上)・(下)〈岩波文庫〉(岩波書店, 1971・73 年)。
佐藤三夫訳編『ルネサンスの人間論――原典翻訳集――』(有信堂高文社, 1984 年)。
堀田彰『エピクロスとストア』(清水書院, 1989 年)。
山田英世『ベンサム』(清水書院, 1967 年)。
菊川忠夫『J.S. ミル』(清水書院, 1966 年)。
J.S. ミル, 塩尻公明・木村健康訳『自由論』〈岩波文庫〉(岩波書店, 1971 年)。
カント, 篠田英雄訳『道徳形而上学原論』〈岩波文庫〉(岩波書店, 1976 年)。
カント, 波多野精一・宮本和吉・篠田英雄訳『実践理性批判』〈岩波文庫〉(岩波書店, 1979 年)。
カント, 白井成充・小倉貞秀訳『道徳哲学』〈岩波文庫〉(岩波書店, 1954 年)。
坂部恵『カント』〈講談社学術文庫〉(講談社, 2001 年)。
川島秀一編『近代倫理思想の世界』(晃洋書房, 1998 年)。
和辻哲郎『人間の学としての倫理学』(岩波書店, 1934 年)。
有福孝岳編『エチカとは何か――現代倫理学入門――』(ナカニシヤ出版, 1999 年)。
訓覇曄雄・有福孝岳編『倫理学とはなにか　その歴史と可能性』(勁草書房, 1981 年)。
今道友信『エコエティカ』〈講談社学術文庫〉(講談社, 1990 年)。
泉谷周三郎『地球環境と倫理学』(木鐸社, 1993 年)。
加藤尚武『環境倫理学のすすめ』〈丸善ライブラリー〉(丸善, 1991 年)。
加藤尚武『二十一世紀のエチカ――応用倫理学のすすめ――』(未来社, 1993 年)。
加藤尚武『現代倫理学入門』〈講談社学術文庫〉(講談社, 1997 年)。
加藤尚武・松山壽一編『現代世界と倫理　改訂版』(晃洋書房, 2002 年)。
ジャン＝ピエール・シャンジュー監修, マルク・キルシュ編, 松浦俊輔訳『倫理は自然の中に根拠をもつか』(産業図書, 1995 年)。
星野勉・三嶋輝夫・関根清三編『倫理思想辞典』(山川出版社, 1997 年)。

第3章

道徳教育の歴史
―――社会的動向のなかで―――

■岡部美香

1 はじめに

　たとえば，友だちどうしのグループや学校のクラブなどを思い出してほしい。人が集まり集団が形成されると，その集団のなかで人々が互いに快適に過ごせるように，有形・無形の決まり事やルールが形成される。新しく集団に入ろうとする人は，その決まり事やルールを学ぶ必要があるし，その人を喜んで迎えようという気持ちがあるなら，すでに集団に属している人は，決まり事やルールをその人に積極的に教えようとするだろう。

　いわゆる「社会」という集団の場合，そうした決まり事やルールは「道徳」と呼ばれる。新しくある社会に入ろうとする人は，そこで快適に暮らしていくために，その社会の道徳を学ぶ必要がある。また，すでに社会に属している人は，新しい参入者を喜んで迎えようという気持ちがあれば，その人に道徳を教えようとするだろう。

　このように考えれば，道徳教育は，人が社会集団を形成して生活するようになった時から，先行世代と後続世代の間で日常的に行なわれてきたものだということができる。

　本章では，道徳教育の歴史を考察するが，そのすべてを遡ることはしない。本章で取り上げるのは，日本において道徳教育が学校教育のなかで行なわれるようになった経緯とその後の変遷である。日常生活のなかで自ずから行なわれていた道徳教育が，なぜ学校で授業時間を特別に設けて行なわれるようになったのか。この問題を歴史的に探っていくと，その時々の日本がおかれ

ていた政治的，経済的，社会的状況が明らかになってくる。また同時に，大きくうねる時代の波に飲まれつつも，道徳教育の充実に尽力した個々の教師の実践と苦悩も垣間見られるだろう。

2 近代学校成立以前の道徳教育

(1) 封建制度のもとにおける道徳教育

　日本に近代的な学校制度が布かれる前の教育，すなわち江戸時代までの教育は，個人の性格や資質能力によってではなく，それぞれの人の属性によって教育のあり方が異なるという点に大きな特徴があった。つまり，封建制度のどの階層の家に生まれたか，家がどのような職で生計を立てているか，性別はどうか，第一子として生まれたか，第二子，第三子として生まれたか，などによって教えられる内容や方法が異なっていたのである。また当時は，全国的に統一された教育の様式や基準のようなものもなく，独自の地方文化のもとで特色のある教育が行なわれていた。

　具体例を挙げるなら，それまでは，言葉を学ぶといえば，それぞれの地方独特の言葉（今日でいう方言）や，ある階層，ある職種の人々の間でのみ通用する言葉（武家言葉や女官言葉）などを身につけることであった。標準日本語は明治以降に作られたものである。座ることに関しても，その人の属性によって「正しい」座り方の技法がそれぞれ異なっていた。いわゆる「正座」が「日本国民」一般にとって最も姿勢正しい座り方とされたのは，やはり明治以降のことである。

(2) 寺子屋における道徳教育

　道徳教育もまた，それぞれの地方やそれぞれの人の属性によってその内容や方法が異なっていた。ここでは，江戸時代後期に爆発的に増加し，庶民の子どもたちの教育を担っていたといわれる寺子屋に着目してみよう。

　寺子屋で教えられていたのは習字，読書，算術であり，なかでも習字が中心であった。子どもたちは，手本を見ながら何度も繰り返し文字を書いた。手本は，現在の習字の教科書のような単なる文字の羅列ではなく，手紙文で

あったり，地理について書かれた文章であったり，道徳的な教訓について書かれた文章であったりした。子どもたちは，その手本を通して，文字とともに書かれた文章の内容そのものも学んだ。このように，寺子屋では，道徳的な教訓は習字などと一体となった形で伝えられていたのである。

江戸時代に最も広く普及した道徳の教訓書の一つとして，『実語教』を挙げることができる。これは，封建社会で生きるために身につけるべき道徳を五言対句の形式で編集したものである。冒頭は次のようになっている。

　　　山高故不貴（山高きが故に貴からず）
　　　以有樹為貴（樹有るを以て貴と為す）
　　　人肥故不貴（人肥たるが故に貴からず）
　　　以有智為貴（智有るを以て貴と為す）

この書物はもともと文字ばかりで構成されていたが，江戸時代には挿絵の入った『実語教絵抄』が発行された。また，『商売往来』や『百姓往来』など，ある特定の職種に必要な日常用語や日常的教訓が記されている手紙文などの文章を集めた「往来物」と呼ばれる書物も手本として用いられていた。たとえば，『商売往来』には，商品棚を奇麗にすることや挨拶，応答を柔和に行なうことを勧めたり，暴利を貪ると天罰が下ると戒めたりするような内容が含まれていた。子どもたちは，こうした手本を唱読したり何度も繰り返し書いたりすることによって，字の読み書きや手紙の書き方などを覚えるとともに，当時の社会で一人前として生きていくのに必要な教訓を学んだのである。

3　明治時代の道徳教育

(1)　学制期の道徳教育

1872（明治5）年，「学制」が発布され，日本の近代学校教育制度の幕が上がった。

「学制」に規定された下等小学（6〜9歳）のカリキュラムは，「綴字，習字，

単語，会話，読本，修身，書牘，文法，算術，養生法，地学大意，理学大意，体術，唱歌」の14教科から構成されていた。上等小学（10〜13歳）では，これに「史学大意，幾何学罫画大意，博物学大意，化学大意」などが加わった。

　このなかに「修身」という教科がある。これは，道徳教育のために特別に設けられた教科であった。つまり，日本において学校教育のなかで授業時間を特別に設けて道徳が教えられるようになったのは，「学制」発布以降のことなのである。

　「学制」と同年に公布された文部省の定めた「小学教則」によると，修身は「修身口授(ギョウギノサトシ)」と呼ばれ，文字通り教師による一方的な口授を行なう授業であった。ただし，この口授が直ちに熱心に実施されたかといえば，そうではない。「学制」発布の翌年，1873（明治6）年に文部省からの命で東京師範学校が制定した「小学教則」では，修身という教科は設けられず，「読物」科のなかで修身談を行なうというように，寺子屋の時代に戻ったような形式に変化している。

　口授や修身談のテキストとして使用されたのも，たいていの場合，日本の人々にはなじみのない欧米市民社会の道徳論を説いた翻訳書であった。多く使用されたのは，フランス・ボンヌの小学校の教訓書とアメリカのウィンスロウによる道徳哲学などを組み合わせた『泰西勧善訓蒙』（箕作麟祥訳）やアメリカのウェーランドが著わした Elements of moral science の翻訳書『修身論』（阿部泰蔵訳）などであったという。

　当時の小学校における修身の授業について，内田魯庵は次のように書き残している。

> 修身の科目が一週一回，大抵土曜日の一時間を当てられてゐたが，拠るべき道徳の規範が無かつたので有触れた修身道話が繰返された。が，二十四孝式の親孝行咄では咄すものも張合が無く聴く方は本より退屈して初めからヒソ〴〵咄をしたり欠伸をしたり中には大ッペラにグウ〴〵イビキを搔くものがあつても余り叱られなかつた。当時の私達の先生は講釈好きで，……修身の時間に太閤記や義士伝の講釈をして聴かした。

……終には鼠小僧や国定忠次の咄を修身の時間にするやうになつた。修身の時間はドコの学校でも退屈で嫌はれたが私達の小学校では修身の時間が中々人気があつた。[1]

　「学制」の教育理念の基本は，封建時代の教育観，すなわち自分の身分や属性に従って生活することを第一義とする教育観を否定し，それぞれの人が自分の「身ヲ立テ」「産ヲ治メ」「業ヲ昌ニ」するのを奨励することによって日本国の文明開化，富国強兵を実現させることにあった。したがって，欧米の知識や技術を摂取し，その進んだ文明に追いつき追い越すべく，学校教育においては直接的に社会生活に役立つ学問である実学の教授すなわち知育に主眼が置かれ，これに反比例するかのように，道徳教育は軽視される傾向にあった。文明開化期を象徴する明治啓蒙思想の代表的な思想家の一人である福澤諭吉も，日本の近代化にとって必要なのは何よりもまず実学の教授であり，道徳教育のあり方そのものも知識の質や量に大きく依存している，と知育重視の見解を表明していた。

(2)　知育重視の欧化主義から徳育重視の儒教主義へ

　ところが，明治10年代の初めごろから，そうした知育重視の風潮に対する批判が湧き上がり始めた。この動向を象徴するのが「教学聖旨」（1879（明治12）年）という文書である。これは，国民教学の根本方針に関する明治天皇の見解を示したもので，当時の内務卿・伊藤博文ら明治政府の要職にあった人々に伝達された。起草したのが天皇側近の儒学者・元田永孚だったという事実からもうかがえるように，この文書は，「学制」以来の欧化主義的な知育重視の教育政策を批判し，儒教主義的な徳育重視の文教政策を支持するという内容のものであった。

　儒教道徳を重んじるという復古的な勢力が強まった背景には，自由民権運動の急速な高揚という現象があった。

　1874（明治7）年の民選議員設立建白書の提出に端を発する自由民権運動は，豪農層の参加によって，全国的な国会開設運動へと急速に展開していった。教育を通して自主と自由を二本柱とする近代的な人間を育成し，それに

よって人々を政治的,経済的主体として解放することを目的としたこの運動は,専制主義の枠内における民衆の啓蒙を目論んでいた当時の政府の教育政策とは,根本的に相容れないものであった。

　自由民権運動の高揚に深刻な危機感を覚えた明治政府は,儒教主義的な道徳教育の重要性を強調するようになった。儒教道徳の最も基本的な徳目は「忠孝」である。一般に,「忠」は主君に対して臣下が義務を尽くして服従することを意味し,「孝」は親(祖先)に対して子ども(子孫)が義務を尽くして服従することを意味する。「忠孝」,とりわけ「忠」を強調することによって,明治政府は,天皇への崇拝と絶対的献身を中核とする国民(臣民)道徳の形成と浸透を図り,天皇制を強化・発展させるとともに,自由民権運動を抑制しようとした。

　ちなみに,当初,「忠」と「孝」は異なる概念として理解されていた。ところが,明治末期には,天皇を家長とする一大家族として国家をとらえる家族国家観が人々の間に浸透,定着し,これ以後,第二次世界大戦が終了するまでの間,「忠孝一致」の国民(臣民)道徳が説かれるようになっていく。

　こうした風潮のなか,1880(明治13)年に公布された第二次教育令では,修身が小学校諸教科の筆頭たる首位教科に位置づけられた。また同時に,修身は儒教主義に基づくものと規定されるようになり,『小学修身訓』(西村茂樹編)や『小学修身書』(文部省)などといった儒教主義の修身教科書も発行されるようになった。修身のこの位置づけや内容規定は,第二次世界大戦後,修身が廃止されるまで基本的に変わることはなかった。

(3) **教育勅語のもとでの道徳教育**

　自由民権運動は徐々に散発的な運動となり衰退していったが,その後,開国時に締結した通商条約の改正に向けて日本を欧米諸国と対等に競い合える国家にするために,再び欧化主義的な思想が活発に論じられるようになる。1885(明治18)年,太政官制が廃されて内閣制が設けられ,第一次伊藤博文内閣が成立し,森有礼が初代文部大臣に就任した。森は,「今の世に孔孟の教を唱ふるは迂闊なり」と明言し,「教学聖旨」に象徴される儒教主義的な徳育重視の文教政策を大きく方向転換しようと試みた。修身に関するものを

挙げるならば、修身の内容を国内外の人物の善良な言行について教員が「口授」するのに留めたり、儒教主義の修身教科書の使用を差し止めたり、授業時間数を削減したりした。

とはいえ、森もまた教育政策の基底に天皇制を据えることそのものについては積極的に支持していた。当時の政府の要職にあった人々は、元田のような保守派であれ、森のような開明派であれ、欧米列強の脅威に対抗して日本国民が一丸となって富国強兵に邁進するよう国民精神を統一するのに、国民のもつ天皇崇拝の感情をうまく機能させようとする点では一致していたのである。

こうした状況のなか、日本の教育を一定の方向へと促す役割を伴って登場したのが、1890（明治23）年に明治天皇から文部大臣・芳川顕正に下付された「教育勅語」である。

教育勅語は315文字からなる短い文書であるが、日本の教育の基本理念を天皇制と結びつけ、天皇制の永続的発展に奉仕することを国民（臣民）の徳性と見なし、そうした徳性を涵養するように教育を全面的に方向づけるものであった。この文書は、天皇制教育の確立を決定づける一つの重大な契機であった。それはまた同時に、自由民権運動期に垣間見られた教育観、すなわち教育を人間に固有の権利ととらえ、主体的で自由な近代的人間の形成を図ろうという教育観が失われていくことを意味していた。

教育勅語を受けて定められた「小学校教則大綱」（1891（明治24）年）では、修身は教育勅語の趣旨に基づくべきものと規定された。この規定を徹底するために、「小学校修身教科書検定標準」に則った検定修身教科書が1892（明治25）年から出回るようになり、さらに修身教科書の国定化が図られ、1904（明治37）年からは国定修身教科書が使用されるようになった。国定修身教科書の内容には、礼儀、博愛、公益、克己、勤勉、誠実などといった一般的な徳目に加えて、皇室、天皇、靖国神社などの主題が含まれていた。

天皇の権威を前面に掲げ、その求心力によって国民をイデオロギー的に統制するという国家体制を整え、日本は本格的な帝国主義時代へと入っていく。

4 大正時代の道徳教育

(1) 大正デモクラシー

　日露戦争（1904-05（明治37-38）年）以後，帝国主義勢力の拡大を至上国策として経済の振興に力を入れた結果，日本では，企業数および資本金が激増し，それに伴って会社員数も増加した。これと並行して，中等以上の教育機関への進学率も高くなり，卒業して教師，医師，技術者，弁護士など，技術職，専門職に就く人々が会社員とともに一つの社会階層を形成するまでになった。これを新中間層と呼ぶ。

　この新中間層の特徴は，旧来の共同体的な地縁や血縁に頼ることなく，自分自身の努力の結果として身につけた知識や技能によって生計を立てた点，かつ自らを頼むそうした生き方に誇りをもっていた点にある。彼らのこのような生活態度，心的態度は，教育勅語の発布以来，明治の国家主義的・軍国主義的風潮のなかで衰退しつつあった民主主義的な思想をゆっくりと成長させていった。この動きは，1913（大正2）年，日露戦争講和条約への反対運動に端を発する「大正政変」という実際的な運動として結実する。

　これ以降，天皇制や帝国主義と共存しうる範囲に限定されてはいたが，民主主義的な市民文化が開花し，個人主義的，自由主義的な思想がさまざまな領域で展開されていった。

　教育界では，明治後期に紹介されたヨーロッパの新教育構想が，1910年代から実践のなかで具体化されるようになった。日本の新教育，大正自由教育の始まりである。新教育とは，硬直化・画一化した学校教育や悪しき権威主義に陥った家庭教育など大人中心・教科書中心の旧い教育を批判し，子どもを教育の原点に据える新しい教育を構想しようとする思想および実践運動をさす。日本国内では，成城小学校（1917（大正6）年），池袋児童の村小学校（1924（大正13）年）など，子ども中心の教育を標榜する，いわゆる「新学校」が1910年代後半から1920年代にかけて次々と創設された。

(2) 大正自由教育期における道徳教育

　「新学校」の先駆とされる兵庫県明石女子師範付属小学校の主事であった及川平治は、道徳教育について次のように述べている。「近頃國民道徳論が盛んである、されど、多くの所説は國民道徳とは斯く〲のものであるといふ議論であつて、如何にせば國民道徳を維持し如何にせば此の徳性を兒童に啓培し得るかといふ問題に觸れない」。この言葉からうかがえるように、及川の関心は、道徳教育の目的や内容の吟味というよりは、その方法の開発に向けられていた。他の多くの新教育思想家、実践家もまた同様であった。

　彼らによって子ども中心主義的な道徳教育のさまざまな実践が生み出された。

　たとえば、及川は、教師の一方的な口授ではない、子どもの生活の実際に即した修身の授業を推奨している。例を挙げるなら、学級の子どもが病気で欠席している時、学級の話し合いのなかでその子どもの心情に思いを致すように促し、そうすることによって、見舞いに行くなど、学級の子どもたちが自ら病気の子どもに対してできることを探して実行する、というものである。教師の問いかけや子どもたちの発言の様子は、まるで現代日本の道徳授業の記録を読んでいるかのように、子どもの自発性が尊重されている。

　また、成城小学校の創設者であり校長でもあった澤柳政太郎は、「徳性を涵養すると云ふことは決して修身科のみに依るべきものではない」と主張し、小学校低学年のカリキュラムから修身科をはずした。澤柳の意図はもちろん教育課程全体で徳性の涵養を行なうという点にあったが、それにしても、元文部省の高級官吏であり帝国大学総長まで勤めた彼が教育課程から修身をはずすという試みを実践しえたという点に、大正自由教育の（少なくとも教育方法における）民主性が表われているといえる。

　他にも、池袋児童の村小学校の教師であった野村芳兵衛は、国定修身教科書の内容を批判的に検討し、一部を自主教材に置き換えるという方法を試みている。ただし、検討は教授内容そのものには至らず、あくまで子どもの生活の実際に即した教材の吟味に留まるものであった。なお、天皇や皇室などの主題に関しては、国定教科書がそのまま使用されていた。

(3) ファシズムへ

　新教育にかかわった人々を中心として，大正自由教育期には教育（方法）の改革・開発が進められ，豊かな成果が生み出された。しかし一方では，教育を通して人々の意識に天皇制イデオロギーを浸透させ，それによって国民の意識を国家主義的に統制し，日本の帝国主義的な発展を図ろうとする方向性が，やはり変わらず保持されていた。

　この方向性は，教育勅語に示されている天皇制教育をより徹底化するという形で顕われた。その一例として，日露戦争の司令官であった陸軍大将・乃木希典が「軍神」として讃えられ，理想的人間像の象徴として国定教科書に掲載されたことが挙げられる。明治天皇崩御の際に乃木が妻を伴い殉死したことは，天皇への虚偽なき忠誠を体現するという彼の存在の象徴的な意味合いをさらに高めることとなった。

　大正末期には，教育勅語の徹底化という方向性がさらに強化された。1924（大正13）年に起こった川井訓導事件は，それを具体的に示すものである。

　長野県の松本女子師範付属小学校の教師であった川井清一郎は，視察が入る研究授業で修身の授業を行なうことになっていた。川井は，子どもの道徳意識を喚起するには抽象的な教材ではなく，子どもの生活の事実に即し，かつ教師自身も感動するような教材を用いる必要があると考えていた。そこで彼は，自分の選んだ補助教材で授業を行なった後に修身教科書を使用することによって，教材の感動を教科書の徳目と結びつけ子どもの内省を促すという授業を計画した。

　授業当日，視察に訪れたのは文部省視学委員であった東京高等師範の教授・樋口長市らであった。樋口は大正自由教育運動を代表する論客の一人として知られていた。授業のなかで，川井は，森鷗外の「天保物語」の一節を教材として，「孝行」「克己」などの徳目に関する理解を深めようとした。ところが，授業途中にもかかわらず，役人の一人が前に進み出て子どもたちに修身の教科書をもっているかどうかを問い，続けて樋口がなぜ教科書を使用しないのかと川井に詰めよった。授業はそのまま中断された。事件の日から約3週間後，川井に休職という行政処分が下った。

樋口らの視察の目的は，結局のところ，松本女子師範付属小学校の教師たちが国定教科書を使用せずに授業をしているという事実を指摘し，非難することにあった。彼らが問題視したのは授業の内容ではなく方法であった。彼らにとって，方法が「国定」でなければ，それは即，反国家主義の教育であることを意味していた。

　その後，この事件とその顛末を巡って議論や運動が湧き起こる，ということはなかった。というのも，その翌年の1925（大正14）年には，治安維持法が成立するとともに，軍事教練のためと称して全国の中学校・高等学校・専門学校への陸軍現役将校の配属が決定される，という社会的状況があったからである。

　このような状況下でも，プロレタリア教育や生活綴方教育の立場から，イデオロギー的な修身教育への根本的な批判が打ち出され，新たな道徳教育への可能性が提示されたこともあった。しかしながら，ファシズム化が加速的に進行するなかで，そうした立場を支持した教師たちの多くは治安維持法違反として処分されたのであった。

5　ファシズム期の道徳教育

(1)　国民学校の発足

　1935（昭和10）年，衆議院で「国体明徴」が決議される。ここでいう「国体」とは，大日本帝国が「万世一系の天皇天祖の神勅」を永遠に奉じる神の国であるということを意味しており，「国体明徴」とは「国体」を「事実」として明確に認めることをさしている。つまり，これは天皇に奉仕し忠孝の美徳を発揮するよう全国民に要請するものであった。

　これを受けて，同年，「教学刷新評議会」が設置される。これは，教育と学問の「刷新」を図ることを目的とする評議会であったが，「刷新」の内容は「国体観念」に基づく「日本精神」を教育，学問の領域に徹底させることであった。具体的には，天皇制と相容れない思想の排除を意味していた。天皇制と相容れない思想には，社会主義・共産主義のみならず，民主主義・自由主義の思想も含まれていた。要するに，この評議会は，学問，教育の領域

における思想統制を図ろうとするものであった。

　1937（昭和12）年，盧溝橋事件が勃発し，日本は中国との全面戦争へと突入していく。これを境に，日本では急速に軍国主義化の動きが強化されるのであるが，なかでも教育にとって重大な出来事は，内閣総理大臣の諮問機関として「教育審議会」が発足したことである。この審議会における論議のなかで，小学校はその名称を「国民学校」と改め，国家への奉仕を第一義とする皇国主義教育の実践場とするという構想が打ち出された。国民学校のねらいは，「皇国ノ道ノ修練ヲ旨トシテ国民ヲ錬成シ，国民精神ノ昂揚，知能ノ啓培，体位ノ向上ヲ図リ，産業並ニ国防ノ根基ヲ培養シ，以テ内ニ国力ヲ充実シ外ニ八紘一宇ノ肇国精神ヲ顕現スベキ次代ノ大国民ヲ育成」（1938（昭和13）年教育審議会答申）することにあった。

　このような皇国主義教育のもとでは，国家を離れた個人の自主的かつ自由な発達は認められず，「皇国ノ道」すなわち教育勅語に示された国体の精華に忠実に奉仕する皇国民を育成することに力が注がれたのであった。

(2) 国民学校における道徳教育

　国民学校の教育課程は，「国民科」，「理数科」，「体練科」，「芸能科」，「実業科」の5つの教科から構成されていた。このなかで，道徳教育は主として「国民科」と呼ばれる教科が担っていた。国民科は「修身」，「国語」，「国史」，「地理」の4科目から構成され，その教授目的は，子どもたちに日本の「道徳，言語，歴史，国土国勢」に関する知識を習得させ，これを通して「国体」に関する確固とした信念を形成し，「国民精神」を涵養し，「皇国ノ使命」を自覚させることにあった。

　国民学校で使用される国定教科書も，1941～43（昭和16～18）年に全面的に修正され，新しく編集された。当時は，日中戦争に続いて，真珠湾攻撃に端を発する太平洋戦争も始まっており，教科書の内容は必然的に国家主義，軍国主義の色合いが濃いものとなった。とりわけ修身は，皇国思想と戦時下における心構えを教えるのに最も重要な役割を果たす科目と見なされていたこともあり，旧国定教科書と比較して内容が著しく変化した。

　たとえば，次に挙げるのは，初等科の第一学年用の修身教科書『ヨイコド

モ　上』に掲載された文章である。

　　テキノタマガ，雨ノヤウニ　トンデ　来ル中ヲ，日本グンハ，イキホヒ　ヨク　ススミマシタ。テキノ　シロニ，日ノマルノ　ハタガ　タカクヒルガヘリマシタ。
　　「バンザイ。バンザイ。バンザイ。」
　　勇マシイ　コエガ　ヒビキワタリマシタ。

　また，第二学年用の『ヨイコドモ　下』には，日本が最良最強の神の国であることを伝えるような文章が，富士山の挿絵とともに掲載されている。

　　明カルイ　タノシイ　春ガ　来マシタ。
　　日本ハ，春　夏　秋　冬ノ　ナガメノ　美シイ　國　デス。
　　山ヤ　川ヤ　海ノ　キレイナ　國　デス。
　　コノ　ヨイ　國ニ，私タチハ　生マレマシタ。
　　オトウサンモ，オカアサンモ，コノ　國ニ　オ生マレニ　ナリマシタ。
　　オヂイサンモ，オバアサンモ，コノ　國ニ　オ生マレニ　ナリマシタ。
　　日本　ヨイ　國，キヨイ　國。　世界ニ　一ツノ　神ノ　國。
　　日本　ヨイ　國，強イ　國。　世界ニ　カガヤク　エライ　國。

　戦火が勢いを増すにつれ，国民学校における教育は，極端な鍛錬主義，精神主義に陥っていく。国民学校の教師は，積極的にであれ消極的にであれ，戦争を肯定，賛美し，命を惜しまず自己犠牲的に献身することの重要性を子どもたちに説かねばならなかった。それができない者は教壇を去るしかなかった。教科書の作成が終了した1943（昭和18）年ごろからは日本への空襲が激しくなり，子どもたちも学童疎開，軍需工場への勤労動員，戦場への学徒動員など戦時下の実際的な要請に応えなければならなくなった。学校教育は事実上，停止してしまった。そして，日本は終戦を迎えることになる。

6 戦後の道徳教育

(1) 社会科教育のなかの道徳教育

　1945（昭和20）年12月，連合軍最高司令官総司令部（GHQ）の指令によって，他の国民科の科目とともに修身の授業が廃止された[6]。この時，国定教科書も回収され，当時，不足していた製紙の原料として再生された。同時期に，公民科という教科を設けて内容新たに道徳教育を行なおうとする公民教育刷新委員会の動きなども見られたが，実際のところ，修身に代わって戦後の道徳教育を担うようになった教科はまずは社会科であった。

　社会科は，1947（昭和22）年に誕生した教科である。この教科の目的は，身近な生活場面や自分の属する社会における切実な問題に目を向け，その民主的な解決をめざして自主的，自律的に行為する子どもを育成することにあった。そのためには，問題解決に必要な知識を教授するだけでなく，社会的な問題に関心をもち，その解決へと向かう主体的かつ協働的な態度を育成することが重要となる。この意味で，道徳教育は社会科教育に包含された。1947（昭和22）年の学習指導要領（試案）では，社会科の目標が15項目掲げられているが，最初の2項目は次のように道徳教育の内容を含んだものとなっている。

　　一　生徒が人間としての自覚を深めて人格を発展させるように導き，社会連帯性の意識を強めて，共同生活の進歩に貢献するとともに，礼儀正しい社会人として行動するように導くこと。
　　二　生徒に各種の社会，すなわち家庭・学校及び種々の団体について，その構成員の役割と相互の依存関係とを理解させ，自己の地位と責任とを自覚させること。

　もちろん，これは社会科教育のみが道徳教育の任を負うようになったということではない。戦後の道徳教育は，修身における注入主義と国家主義・軍国主義を反省し，基本的人権の尊重を中心とする民主的道徳の実現をめざし

て社会科を中心に学校教育全体で行なう（1953（昭和28）年教育課程審議会答申）というところから新たに出発したのである。

(2)「道徳の時間」の特設

しかしながら，他方では，1950（昭和25）年の天野文相による修身科復活問題をはじめ，戦後の道徳教育に対しては当初から反対も少なくなかった。これには概して二つの背景があると考えられる。

まず一つには，人々の戸惑いと不安である。戦後直後の日本はまさに混迷と混乱のなかにあった。事実，1951（昭和26）年には，子どもによる非行件数が戦後のピークを記録する。このような状況のもとでは，政治的・経済的秩序とともに社会的・道徳的秩序の回復に対する人々の要求には切実な響きがあった。ところが，個人の自律性が十分に確立されていない場合，方法的にも内容的にも民主的な秩序の確立はかなり難しくなる。戦前の国家主義的教育の影響を強く受けてきた人々に民主主義的な思考や実践が浸透するには，まだ長い年月が必要であった。

もう一つは，保守的政治勢力の動向である。戦前の国家主義的教育への反省から，戦後の教育関係文書には一時期，「愛国心」や「国（あるいは公共）への奉仕」という用語がまったく見られなくなった。これに対して，日本の戦後復興を促進するために，愛国心を高め奉仕の精神を育成しようという動きが生まれた。「教育の逆コース」といわれるこの動きを決定づけたのは，1950（昭和25）年に勃発した朝鮮戦争である。

朝鮮戦争を境に，ソ連とアメリカをそれぞれの陣営の中心とする東西の冷戦体制が確立した。アメリカから見れば，日本は極東における重要な軍事拠点であった。1951（昭和26）年，日米安全保障条約が締結された後は，日本もまた西側諸国の一員として冷戦体制に巻き込まれていく。

また，朝鮮戦争は日本に多大な経済効果をもたらした。いわゆる「朝鮮特需」である。これを機に，日本は経済の建て直しを図り，徐々に加速度をつけて，1960年代に入るころには一気に高度経済成長期に突入する。このように急激な経済成長を支えたのは，サラリーマンといわれる企業戦士たちであった。これ以降，日本の国民は戦前の軍事戦争に代わる戦後の経済戦争へ

と総動員されていく。

こうした状況のなか，1958（昭和33）年，第三次学習指導要領において，小・中学校に「道徳の時間」が特設されることとなった。学習指導要領によれば，戦後の「道徳の時間」は，「各教科，特別教育活動および学校行事等における道徳教育と密接な関連を保ちながら，これを補充し，深化し，統合し」，道徳的実践力の向上を図ることを目的とするものであった。また，それは，「教育基本法および学校教育法に定められた教育の根本精神」すなわち基本的人権を尊重するという民主的な精神に基づいて目標を定めるという点において，戦前の修身の授業とは明確に区別されるものであった。

7 おわりに

以上，修身の誕生から「道徳の時間」の誕生まで，日本の近代学校教育における道徳教育の変遷を辿ってきた。これを見ると，学校教育における道徳教育が，その時々の政治的，経済的，社会的状況に大きく影響されてきたことがわかる。

このように政治的，経済的，社会的動向に対して脆弱でその影響を被りやすいのであれば，いっそのこと学校教育から「道徳の時間」をなくしてしまえばよいのではないか，という人がいるかもしれない。また，道徳教育は基本的に家庭や地域に任せればよいのではないか，と考える人もいるかもしれない。しかし，今日的な状況のもとでは，事はそう簡単ではない。というのも，今日の社会では，地域共同体的なネットワークが極めて希薄化し，価値そのものも多様化し混乱しているため，道徳が先行世代から後続世代に自ずから日常的に伝えられるということが以前のようには期待できないからである。加えて，科学技術の発展，国際化，情報化などのために，私たちには生命倫理，環境倫理，情報倫理などといった複雑な道徳的課題が新たに突きつけられている。これからの社会に生きる子どもたちが皆，これらの課題について学んだり考えたりするには，やはり学校という場で道徳や倫理について取り上げることは重要であるといえる。

終戦から約60年が経過し，人々の間には民主的な思考や実践の重要性が

浸透したように思われる。この間，学校における道徳教育は，戦前の教育に対する人々の深い反省とそれぞれの学校や教員の努力によって，修身のような注入主義，国家主義，軍国主義へと逆戻りしてしまうことはなかった。いまこそ，「これから必要とされる道徳とはどのようなものか」を考え，その実現をめざすような道徳教育や道徳の授業を実践することが可能なのではないだろうか。その際，子どもたちの人間形成に資するような道徳教育を実践するためには，それぞれの教師が道徳の授業における内容的・方法的充実を図ることはもちろん必要であるが，授業や学校教育を取り巻く政治的，経済的，社会的状況について大人たち全員で考えていくこともまた大切であるといえよう。

(1) 唐澤富太郎『教科書の歴史』（創文社，1956年）65頁。
(2) 及川平治『分團式動的教育法』〔再版〕（弘學館書店，1913年）序9頁。
(3) 及川平治『分團式各科動的教育法』〔再版〕（弘學館書店，1915年）344-374頁。
(4) 澤柳政太郎『實際的教育學』（同文館，1909年）243頁。
(5) 野村芳兵衛「修身教科書の研究」『野村芳兵衛著作集　生命信順の修身新教授法』（黎明書房，1974年）155-194頁（著書の原題は『文化中心修身新教授法』，教育研究会，1925年）。
(6) この時，本文に述べた国定教科書に加えて，御真影と教育勅語謄本も回収されている。ただし，教育勅語そのものの失効が決定したのは，社会科誕生後の1948（昭和23）年6月であり，少し時期がずれている。

参考文献

世界教育史研究会編『世界教育史大系39　道徳教育史Ⅱ』（講談社，1977年）。
海後宗臣『海後宗臣著作集第六巻　社会科・道徳教育』（東京書籍，1981年，405-733頁）。
岩本俊郎・田沼朗・志村欣一・浪本勝年編『史料　道徳教育の研究〔新版〕』（北樹出版，1994年）。
海後宗臣・寺﨑昌男・仲新『教科書でみる近現代日本の教育』（東京書籍，1999年）。

第4章
道徳教育における発達と生成

■久保田健一郎

1 はじめに

　近年,「生きる力」の育成が道徳教育の中核に据えられている。この「生きる力」とは,国際化,情報化の時代に適した人材の育成が必要となったことや,相次ぐ少年事件を機に論じられ始めたものであり,端的にいえば,個性を生かしつつ,自ら考え,自ら学ぶ力のことを意味している。道徳教育の中核に「生きる力」が据えられたことについては賛否両論があり,それ自体の評価についても論じる必要があるだろう。しかし,本章では,そうした評価は保留して,近年の道徳教育が「生きる力を教える」というテーマのなかで行なわれているという点に注目し,発達と生成という二つの言葉をキーワードとして,「生きる力を教える」というテーマに突き当たった道徳教育について思考実験を行なってみたい。

2 発達の道徳教育について

(1) 発達について

　発達という概念は,子どもが自然に「よりよい」方向に育っていくという考え方を意味している。この概念は,現代の私たちの教育観に大きな影響を与えているといわれる近代教育を特徴づけるキーワードの一つでもある。しかし,実際には,子どもが「よりよい」方向に育つかどうかは保証されているわけではない。そこで,あたかも子どもが自然に「よりよい」方向に育っ

たかのように，大人が支援する（＝教育する）必要がある。ただし，その際には，いくら子どもの自然な発達を重視しようとしても，そこに大人や既存の社会の価値観がいつのまにか侵入するという可能性が高くなる。

(2) 発達の道徳教育の特徴

　この発達の思想から道徳教育を論じた人物として，20世紀のアメリカの心理学者コールバーグが挙げられる。コールバーグは，人間の心は外界からの刺激で構成されるという環境説と，遺伝で決められているという成熟説の両者を批判し，環境との相互作用によって心が形成されていくという相互作用論を展開した。コールバーグによれば，相互作用による心の形成過程には，全ての文化に普遍的な道徳性の発達段階が見られる。この道徳性の発達段階説は，異なる価値が葛藤する道徳的ジレンマ状況に関する面接調査から科学的な実証が試みられ，ある一定の説得力をもつに至ったと報告されている[1]。

　では，この普遍的な道徳性の発達段階とはどのようなものだろうか。コールバーグは，道徳性の発達段階の3つの水準を設定し，そして各水準をそれぞれ2段階に分割し，3水準6段階の発達段階論を提示した。以下では，それぞれにわけて詳しく論じてみよう。

【Ⅰ：慣習的水準以前】
〈第1段階〉罰と服従への志向
　罰せられるか，咎められるかといったことが善悪を判断する基準となり，行為の結果の持つ意味は重視されない。具体的には，「先生に怒られるから」「親にいわれたから」という理由で善悪を判断する。
〈第2段階〉道具主義的な相対主義志向
　自分の利益を満足させるかどうかということが善悪の基準となり，人間関係は実用的な取引になる。具体的には，「君が僕の背中をかいてくれれば，僕も背中をかいてあげる」というような形で行動が選択される。

【Ⅱ：慣習的水準】
〈第3段階〉対人的同調，あるいは「よい子」志向

他者から「よい子」と思われるかどうか，他者と「よい」人間関係が築けているかどうかが善悪の基準となり，紋切り型のステレオタイプなイメージに自分を同調させる。「自分は子どもだから」「友だちから頼まれたから」という理由で善悪を判断する。
〈第4段階〉法と秩序志向
　社会秩序に貢献しているか，集団に役立つ行為をしているかということが善悪の基準となり，その秩序の維持そのものが目的となる。具体的には「学校のためだから」「自分の義務だから」という理由で善悪を判断する。

【Ⅲ：慣習的水準以降】
〈第5段階〉社会契約的な法律志向
　規則に従って行動するが，その規則が変更可能であることを理解する。また，多様な価値観があることを理解し，自分の価値観が絶対でないことをふまえて行動するようになる。
〈第6段階〉普遍的な倫理的原理の志向
　ある行為が規則と照らし合わせて正しいかどうかだけではなく，自分自身が選んだ倫理的な原理原則に照らし合わせて正しいかどうかが判断されるようになる。具体的には，「良心が痛むから」という理由で善悪を判断する。(2)

　コールバーグによれば，人間とはこれらの段階や水準を一つ一つ上っていって「よりよい」方向へと道徳的に発達していくのである。
　コールバーグのこの理論に対しては，これまでもいくつかの批判がなされてきた。たとえば，彼の理論は男性中心主義的であり，この理論に基づいて心理テストを行なうと，男性よりも女性の方が道徳性の発達の度合いが低いという結果が出てしまう，という批判がある。それに対してアメリカの心理学者ギリガンは，男性の場合，自己を状況から切り離してその状況を客観的，合理的に認識するのに対して，女性の場合，自他を分化せず，自他の関係を維持しつつ道徳的な判断をすると指摘し，女性の道徳的判断には男性とは異なった原理があると主張するとともに，道徳性の発達を多様な側面から見ることを提案した。

また，西洋以外の文化では第5，第6段階まで達する人が極めて少ないことから，コールバーグの理論は西洋中心主義的であるという批判もなされている。たとえば，日本では，社会生活を送る上で他者との和に配慮する第3段階が，社会契約に基づく第5段階よりも重視される傾向にある。このことから，コールバーグ理論の日本への適応を疑う声もある。また同様に，特定の宗教文化に属さない日本では，第6段階が意味をもたないという見解から，第5，第6段階を一つにして，慣習的な第Ⅱ水準からどのように抜け出すかを見ていくべきだという説もある。ここからも，道徳の発達を多様な側面から考えることが求められている。

　このような批判を考慮するならば，コールバーグは特定の文化，特定の属性における「よりよい」方向への発達を普遍的なものとして思考したものだと考えることができる。発達の思想から考えている限り，大人の側，既存の社会の側からある特定の「よりよい」人生を押しつけるという問題から抜け出すことはできないだろう。

3　生成の道徳教育について

(1) 生成について

　人間の成長とは，発達の思想のように特定の「よりよい」方向に育つものとしてしか考えられないのだろうか。否，そうではないだろう。みなさんのこれまでの人生を振り返ってみて欲しい。自分が大きく成長したと思えたとき，果たして何らかの価値観で「よりよい」といえる方向に向かうものだっただろうか。むしろ，いかなる価値観でも計れない成長だったからこそ，自分が大きく成長したと思えたのではないだろうか。

　では，いかなる価値観でも計ることのできない成長とは，どのようなときに生じるものだろうか。

　たとえば，何となく行なった出来事が，そのような成長のきっかけになることもあるかもしれない。三島由紀夫の小説『仮面の告白』では，幼少期に坂道で糞尿汲取人とすれ違った体験が，人生において大きな意味をもったことが描かれている。その小説の主人公は，糞尿汲取人の汚れた地下足袋や股

引が映し出す美しさのとりこになり，それ以降の人生において，肉体労働者に対して憧れを抱き続けることになったのである。

　また，その出来事が実際に起こっていない場合さえありうるだろう。同じく『仮面の告白』では，生まれた瞬間に目にした光景の記憶が，大人になった現在でも自分の人生に大きくのしかかっていることが描かれている。また，最近話題のPTSDの場合でも，特に幼児期の記憶の場合は，実際起こった出来事とはいい難い場合も少なくない。それでも，その出来事が本人の人生に大きな意味を与えていることは確かであり，出来事の真偽を検証することは全く無意味であろう。

　近年，このようないかなる価値観でも計れない人間の成長が注目されている。こうした人間の成長は，生成と呼ばれている。発達が特定の価値観から「よりよい」方向に向かった成長を考えるものであるのに対して，生成にはこのような価値観が存在しない。生成は，どの方向に成長していくかわからず，また，その成長が社会生活を送る上で「よりよい」方向であるとは限らない。むしろ，社会生活を破綻させることさえあり得るのだ。

　このように見てくると，発達と生成は対極に位置する成長のあり方であることがわかるだろう。この発達と生成の対比をより詳しく考えていくために，古代ギリシャにおけるある典型的な事例を見ていくことにする。その事例とは，教育における芸術作品の位置づけに関する，プラトンとアリストテレスの間の相違である。

　プラトンは，若者を官僚や軍人に育てるにはどうすればよいかを考えた。そこで，人間の成長を模倣と考えていたプラトンは，若者の模倣の対象となるような，芸術家が描く手本の統御を試みた。つまり，芸術家に対して，若者が官僚や軍人になるために「よい」手本を描くように求めたのである。しかし，プラトンはこの立場には満足できなかった。プラトンは，仮に「よい」手本が書かれていても，若者がそこから何を模倣するかわからないことに気づいたのである。その結果，彼の理想国家から，芸術家と芸術作品を追放するしかなかったのである。

　他方で，アリストテレスは，若者が官僚や軍人になるために「わるい」手本を模倣することの意義を重視していた。なぜなら，「わるい」手本を模倣

することで，カタルシス効果，すなわちガス抜きの効果が現われるためである。このカタルシスによって，若者は「わるい」方向へ向かおうとする欲求を昇華し，「よい」方向へ向かうようになるのである。

　この二つの例を考えると，生成の思想に位置づけられるのは，「わるい」手本への模倣の意義を重視するアリストテレスのように思えるかもしれない。しかし，アリストテレスは「わるい」手本が，若者を必然的に「わるい」方向に向かわせ，カタルシス効果を生み出すと考えている。その意味では，発達の思想の域を出ないと考えられる。

　他方で，プラトンは「わるい」手本を排除している点で，発達の思想に位置づけられるように思えるかもしれない。しかし，プラトンは，同時に「よい」手本が描かれていても，若者がそこから何を学び取るかわからないことに気づいていた。その意味では，生成の力を認識しているといえる。また，生成を誘発する芸術作品を排除している点からも，逆説的にではあるが，生成を高く評価していることがわかるだろう。

　また，この芸術作品の事例からは，発達と生成それぞれにおける人間の成長の起点となる場所について読みとることができる。

　発達の思想から考えれば，人間の成長の起点は芸術作品の側，あるいは，芸術作品を提示する大人の側にある。発達の思想では，大人が子どもの人生にとって何がよいかを知っている。よって，大人がある意図によって芸術作品を子どもに提示すれば，子どもは大人の意図通りの反応をすることになる。「よりよい」芸術作品を与えれば，「よりよい」発達が可能になるということである。人間の成長の起点が子どもの外にあるということは，「子どもは自然によりよい方向に育つ」という，発達についての仮説と矛盾するように思えるかもしれない。しかし，それは大人が用意した仮説であり，その大人の手にしている仮説のなかで子どもが成長するということに過ぎないのだ。

　他方で，生成の思想から考えれば，人間の成長の起点はどこにあるのだろうか。芸術作品や，芸術作品を提示する者の側だけにあるとはいえないだろう。なぜなら，若者は芸術作品からどのような影響を受けるか予想できず，実際に起こっていない出来事がきっかけとなることさえあるからである。では，若者の側にあるのだろうか。必ずしもそうとはいえない。なぜなら，若

者と全ての芸術作品との間に生成が生じるわけではないからである。
　では，生成において，人間の成長の起点はどこにあるのだろうか。おそらく，芸術作品と若者の間にあるのではないだろうか。つまり，両者の関係の中で人間の成長が生じるのである。生成の思想において人間の成長とは，どこかに目に見える形ではっきり存在するわけではなく，何らかの関係のなかに生じる極めて繊細な作用なのである。

(2) 生成の道徳教育の特徴

　冒頭で述べたように，近年，「生きる力」が道徳教育の中核に据えられるようになった。「生きる力」を教える道徳教育の思考実験を行なうためには，発達の思想ではなく，生成の思想に基づいた道徳教育への展開が求められる。
　では，生成の思想に基づいた道徳教育は，どのようなものなのだろうか。すなわち，特定の価値観から「よりよい」と定められた方向に導くものではない道徳教育とは，どのようなものなのだろうか。
　この点については，上述の生成の思想における成長の起点となる場所と大きく関係すると考えられる。なぜなら，人間は成長していくなかで道徳を手に入れていくと考えれば，その成長の起点となる場所において道徳が発生すると想定できるからである。
　発達の思想から道徳を考えれば，大人の側が「よりよい」道徳を知っていて，子どもの側が「よりよい」道徳を知らないということになる。すなわち，道徳は大人の手のなかにあるとされている。だから，大人は子どもに「よりよい」道徳を教えなければならないということになる。
　他方で，生成の思想から道徳教育を考えると，大人は「よりよい」道徳を知っているわけではない。よって，大人は子どもに道徳を教えることができない。では，生成の道徳教育は不可能なのだろうか。否，そうではない。生成の思想においては，道徳は大人と子どもの関係のなかに発生すると考えられる。この関係のなかに発生する道徳に関する教育こそが，生成の道徳教育なのである。
　では，生成の道徳教育とは，どのような特徴をもつのだろうか。まず第一に，発達においては，大人は変化せず，子どものみ変化するものだったが，

生成においては，どちらも変化する可能性があるということである。発達では，大人が道徳を知っており，子どもは道徳を知らないという前提があるので，大人は自ら変化する機会をもたない。しかし，生成では，道徳は関係のなかに発生するものである。よって，大人もその道徳を関係のなかで発生した後にはじめて知ることになるのであり，その意味では大人自身も成長するのである。すなわち，生成の道徳教育とは，つねに大人と子どもがともに関係のなかで成長していく異世代間の相互生成の道徳教育なのである。

第二に，発生する道徳の予測不可能性の問題である。生成の道徳教育の場合，道徳は関係のなかで生じるものであって，誰かの支配の下にあるわけではない。大人の側にも，子どもの側にもその内容は予測できないのである。よって，どのような道徳が生まれるか判らないという予測不可能性の問題が出てくる。すなわち，生成の道徳教育は，予測不可能性という性格を有しているのである。

このように，生成の道徳教育とは，常に異世代間の相互生成の道徳教育となり，また，予測不可能性という性格を有している。当然，それらの特徴のなかには，発達の道徳教育の場合とは違ったいくつかの問題が含まれるだろう。たとえば，道徳教育が相互生成だとしたら大人は何をすればいいのか，あるいは，そこで発生する道徳が予測不可能ならばその内容はどのように統御すべきなのか，という疑問が想定できる。こうした疑問をどのように考えていけばよいのだろうのか。以下では，ある映画を事例として，具体的なレベルで生成の道徳教育について考えていくなかで，こうした疑問に答えを与えていきたい。

4 『アカルイミライ』から考える生成の道徳教育

(1) 『アカルイミライ』について

以下では，2001年に公開され，単館を中心に好評を博した日本映画『アカルイミライ』（監督：黒沢清，主演：オダギリジョー）に描かれた世代関係をヒントとして，生成の道徳教育についてより詳しく考えてみたい。以前，筆者はこの映画をある大学の道徳教育論の授業で使ったことがあったが，そ

の豊富な内容から学生たちの議論は尽きることがなかった。以下の文章は，映画を観たことがない方も，映画館，あるいは授業の臨場感を感じながら読んで頂きたい。まずはこの映画のストーリーを紹介しよう。

〔ストーリー〕

　雄二（オダギリジョー）と守（浅野忠信）は，おしぼり工場で働きながら単調な日々を送っていた。夢で「ミライ」が見えてしまう雄二は，人生に目的をもつことができず，その瞬間の衝動のみで生きるしかなかった。社会になじめないままに淡々と生きている守は，猛毒のクラゲを世話しながら日々の生活を送っていた。

　おしぼり工場の社長（笹野高史）は，そんな雄二と守の気持ちを理解しないままに，彼らを正社員として雇おうとしたり，彼らを自分の家に招いたり，彼らのアパートに押しかけたり，彼らの趣味を知ろうとしたりした。他方で，彼は雄二と守に人生訓を語り続けていた。雄二は，このような社長の態度を許すことができず，社長の家の襲撃を試みた。しかし，彼が家に着いたときは，すでに社長夫婦は殺された後だった。

　その犯人は守だった。廃品回収業を営む守の父（藤竜也）は，事件をきっかけとして，しばらく音信不通だった守に会うことになった。しかし，どのように接していいかわからず，はじめは拘置所に面会に行くことさえためらうほどだった。守の父は，同じく音信不通だった下の息子（加瀬亮）を呼び出し，「守はどんな人間なんだ」と聞くしか術がなかった。しかし，これまで関心を向けられてこなかった息子は，突然呼び出されても心を開くはずはない。息子は「少しは自分で考えろ」といい放つに止まった。

　しばらくすると，守は拘置所のなかで自殺した。そんなとき，守の父は雄二と出会った。守の父は，雄二を自分の仕事場で働かせることにした。しかし，雄二は守から受け継いだクラゲを，東京の川に繁殖させることばかりに熱中していた。守の父は，そんな雄二に「汚い現実を見ろ」と恫喝するが，雄二は仕事場を逃げ出してしまう。守の父は，すぐに後悔に駆られ後を追うが，雄二の姿はすでになかった。

　仕事場を出た雄二は，目的もなく生きている高校生たちと出会い，彼ら

行動をともにするようになる。雄二は彼らを会社の窃盗に導くなど，衝動的な行動ばかり繰り返していた。

そんなとき，雄二は自分の培養したクラゲが東京の川で繁殖していることを知り，その生命力の強さに感動する。雄二は，守の父の仕事場に戻る。守の父は「君たちの全てを許す」といい，全てを受け止める決意をする。

高校生たちは，その後も退屈な日々を送っている。彼らは，革命家チェ・ゲバラのTシャツを着て，段ボールを蹴りながら街を歩き続けるのだった。

この映画は，極めて難解で，また多様な解釈を許す重層的な作品であるが，中心的なテーマが世代関係にあることは確かである。以下では，(2)相互生成の道徳教育，(3)生成の道徳教育における先行世代の責任といった2点からこの映画を解釈していきたい。

(2) 相互生成の道徳教育

この映画には，二つの典型的な世代関係が描かれている。この二つの世代関係を比較することで，発達と生成の対比がよりはっきりしてくるだろう。

一つめは，おしぼり工場の社長と，雄二と守の関係が挙げられる。たとえば，おしぼり工場の社長は，妻と娘に囲まれた「幸せ」な家庭に彼らを招き，妻の手作り料理を食べさせるが，その行為は「幸せ」という価値観を彼らに押しつけるものにしか見えない。あるいは，寿司を片手に守の部屋を訪れたとき，テレビのチャンネルを勝手に卓球の日本代表戦に合わせ，一緒に応援することを強要する。この暴挙には冷静な守さえも怒りを抑えることができなかった。また，若者の文化を理解しようとして，雄二のCDを借りる。しかし，そのCDの扱いは極めて粗雑で，音楽を愛する気持ちは微塵も感じられない。また，彼らに昔の若者はよかったという説教をダラダラと続ける始末である。

これらの行動を列挙すると，おしぼり工場の社長は，若者たちと積極的に世代関係を築こうとしているように思えるかもしれない。しかし，彼が築こうとしている世代関係には，大人の側が「よりよい」価値観を知っているという前提がある。すなわち，発達の思想で世代関係を築こうとしているので

ある。この映画を観れば，こうした態度では，世代の橋を架けるどころか，むしろ断絶へと導いてしまうことがわかるだろう。

　二つめは，守の父と，雄二，守の世代関係（親子関係）が挙げられる。守の父は，守とは音信不通が続いており，下の息子とも同じような状態だった。守の父は，下の息子を呼び出し，これまでの自分を省みずに，「なんでも相談しなさい」という。しかし，息子はその白々しさに耐えきれず「一千万円欲しい」と答えるしかなかった。守の父は，これまでは息子たちに無関心な父親に過ぎなかったのである。

　しかし，守の事件の後，いくつかの変化が起きる。守とどう接していいかわからない父は，拘置所での面会の際にどうにか会話を繋ごうとする。その会話には，さしたる内容があるわけではないが，そのぎこちない光景は，観ている側には痛切に迫ってくるものである。初回の面会では不自然に離れていた椅子の位置も，回を重ねるごとに近づいていった。これらの場面から考えると，親子間の架橋を可能にするのは，一方的な人生訓ではなく，こうしたぎこちない会話だったことがわかる。

　次に，雄二との関係である。はじめは，守という共通項から心の穴を埋め合うように接近したことは確かであろう。そうした関係に変化が生じたのは，守の父が，守から託されたクラゲの繁殖にうつつを抜かす雄二に対して，「汚い現実を見ろ」と恫喝したときである。そのとき守の父は，何らかの価値観を押しつけるために恫喝したわけではないことは明白である。守の父自身も，守の死から抜け出さなければならなかったのである。守の父が雄二を恫喝したのは，互いの成長のきっかけとなる出来事を，先行世代である守の父が提示する責任があると思ったからではないだろうか。守の父は，恫喝した後に仕事場を飛び出す雄二を見て，すぐに後悔に駆られる。その場面を優柔不断な大人として解釈するのでは想像力が乏しいだろう。その後悔とは，守の死から抜け出すことで，自分と雄二が生成してしまうことへの恐れではないだろうか。生成とはどこへ成長していくかわからないのであり，つねに恐れを伴うものである。

　このように，この映画ではおしぼり工場の社長と守の父が対照的に描かれているわけだが，それぞれ発達と生成の世代関係に当てはまるだろう。そし

て，それぞれの関係において，道徳がいかにして発生するかがわかるだろう。

発達の思想で雄二と守と接していたおしぼり工場の社長は，道徳が自分の手のなかにあると考えていた。道徳とは，人生訓として与えるものであった。この世代関係においては，先行世代であるおしぼり工場の社長が変容する余地はない。

他方で，生成の思想で雄二と接していた守の父は，あらかじめ道徳を自分の手にもっていなかった。守の父と雄二の世代関係においては，二人の関係のなかに道徳が生まれたのである。この道徳を生じさせるきっかけを準備したのは，守の父の側である。守の父は，先行世代であることの責任を，退屈な人生訓を伝えることではなく，生成が必要な若者にきっかけとなる出来事を準備することと思っていたのではないか。そして，その出来事は，大人である自分にとっても必要だったのだ。こうして，守の父と雄二はともに生成していったのではないだろうか。

(3) 生成の道徳教育における先行世代の責任

この映画の特徴的な点は，雄二よりももう一世代下の高校生たちを登場させている点である。そのために，重層的な世代関係を描くことに成功していると考えられるが，その分作品の難解さは増すことになった。

この映画の後半のテーマの一つは，高校生たちと雄二との世代関係である。しかし，この世代関係は極めて難解に描かれており，安易な解釈を許すものではない。ただ，(2)で描いた世代関係とは異なった部分に注目していることは確かである。以下ではこの世代関係を論じていくことで，すでに若干触れた生成の道徳教育における先行世代の責任について考えていきたい。

高校生たちの口癖は，「何か面白いことないかなあ」という言葉だった。彼らは目的を持たず，刹那的に日々を過ごしていた。そんな日々のなかで，喫茶店で寝ている雄二と出会ったのだ。彼らにとって雄二は，日々の退屈を紛らわす存在だったといえる。しばらくすると，高校生たちは雄二の導きで，ある会社に窃盗に入る。窃盗は，発達の思想から考えれば許されがたいことかもしれないが，退屈な日々を送っていた彼らにとっては一大事件であり，生成のきっかけとなる出来事を雄二が準備したといえるだろう。

では，このような世代関係から生じる道徳とは，どのようなものだろうか。社会生活を送る上で有効な道徳が生じることはあまり期待できないだろう。このように考えると，生成の道徳教育の予測不可能性に否定的な見解をもつ方も多いかもしれない。また，関係のなかで生じる道徳を統御することも，生成の道徳教育の一つの役割であり，同時に先行世代の責任であると思われるかもしれない。

　この点に関しては，極めて難解で，美しいエンディングの場面をヒントとして考えてみよう（この場面は，学生たちの解釈も大きく分かれてしまう）。その場面は，高校生たちがキューバのカリスマ的な革命家チェ・ゲバラのTシャツを着て，段ボール箱を蹴りながら街を歩く姿が描かれるものである。この場面の解釈の一つとして考えられるのは，彼らにとってカリスマだった雄二が姿を消した今，彼らは再びカリスマの出現を待っているというものである。彼らは退屈な日常に耐えられず，生成のきっかけとなる出来事を与え，新たな道徳を生じさせてくれるカリスマと再び出会うために，街を歩き続けるということである。そこで生じた道徳ならば，彼らは全面的に受け入れてしまうかもしれない。

　特定の価値観を直接的に説教する発達の思想ではなく，偶然に生じた出来事をきっかけとして人々の間に生じるものを統御して，そこから道徳教育を行なうことは可能なのだろうか。また，もし可能だとしても，果たしてそうした統御は，教育を行なう先行世代の責任として許されることなのだろうか。『アカルイミライ』から考えると，道徳教育における先行世代の責任とは，守の父が雄二を恫喝したように，あるいは雄二が高校生たちを窃盗に導いたように，生成のきっかけとなる出来事を準備することかもしれない。では，そこから発生する内容の統御も先行世代の責任なのかといえば，むしろ，そこには決して手を触れないということこそが，先行世代の責任ではないだろうか。いい換えるなら，世代関係のなかに生まれた道徳を絶対的に肯定することこそが先行世代の責任ではないだろうか。

5 おわりに

　これまで道徳教育は，大人が子どもに特定の価値観を教えるという前提で考えられてきた。こうした前提にとらわれていたために，道徳教育というと，人生訓を説教するような熱いイメージしかもてなかったように思われる。本章で述べてきたように，道徳教育を大人と子どもの関係のなかで生じるものと考えた場合，おそらくこれまでの道徳教育とは異なり，道徳教育は極めて繊細なイメージのもとで語られることになるかもしれない。

　では，本章を読んでみなさんはどう思われただろうか。このテキストとみなさんの関係のなかに何か新しいものが生まれ，みなさんは道徳教育をこれまでと異なった次元で考えるようになっただろうか。このテキストとの出会いが，道徳教育を考える上でのみなさんの生成を準備する出来事となれば，筆者としては幸いである。

(1)　コールバーグが使った道徳的ジレンマ状況のなかでも特に有名なものは，「ハインツのジレンマ」である。内容は以下の通りである。
　「ヨーロッパで一人の女性がガンで死にかかっていた。ある薬を飲めば彼女は助かるかもしれなかった。その薬というのはラジウムの一種で，同じ町に住む薬屋が最近発見したもので，薬屋は，作るためにかかった10倍の値段の2000ドルの値を付けていた。
　病気の女性の夫のハインツは，あらゆる知人からお金を借りてまわったが，薬の値段の半分しか集められなかった。彼は薬屋に彼の妻が死にかかっていることを話し，薬を安く売るか，または後払いで売ってくれるように頼んだ。しかし，薬屋は承知しなかった。
　ハインツは絶望的になって，妻を助けるために，薬屋の倉庫に押し入り，薬を盗んだ。
　ハインツはそうすべきだったのだろうか。どうしてそう思うのか」（コールバーグ，永野重史監訳『道徳性の形成　認知発達的アプローチ』新曜社，1987年）。
　コールバーグはこのような道徳的価値が葛藤する状況を被験者に提示し，被験者がどのような判断を下すかを調査することで，それぞれの発達段階を明らかにした。

(2)　これは以下の文献を参考にして筆者がまとめたものである（永野編　1985年，

櫻井育夫『道徳的判断力をどう高めるか　コールバーグ理論における道徳教育の展開』北大路書房，1997年など）。

参考文献
永野重史編『道徳性の発達と教育　コールバーグ理論の展開』（新曜社，1985年）。
キャロル・ギリガン，岩男寿美子監訳『もうひとつの声　男女の道徳観のちがいと女性のアイデンティティ』（川島書店，1986年）。
プラトン，藤沢令夫訳『国家』（上）・（下）〈岩波文庫〉（岩波書店，1979年）。
『アカルイミライ』黒沢清監督（メディアファクトリー，2003年）。（DVD）

第5章
道徳規範の諸側面

■丸田　健

1　はじめに

　将来，教師として道徳を教える立場になったとき，どんな点に困難を予想するか？——道徳教育論を受講する学生に尋ねたことがある。回答には様々なものがあったが，「道徳とは何か，自分自身よく理解していない」ことを心配する声が，一定数あった。例えば次の二人のような回答である。「道徳を教える上で難しいと思うことの一つは，道徳に対する考えを自分自身で，きちんと持っていなければならないことです。小・中学校と道徳の授業を受けてきましたが，特に熱心に受けていたわけでもなく，少し適当に授業を受けていたと思います。そして今現在，私が道徳についてきちんと考えているかというと，そうでもないように思います。でも自分できちんと考えておかないと，自分が道徳を教える立場になったとき，きちんとした授業はできないだろう……」，「教師になって道徳を教えるという状況があったら，道徳に対する自分自身の無理解に悩まされると思う。何をどう教えたら良いかも分からない。そもそも道徳って何だろう，という問いが自分の中をめぐるだけで，教える段階に至ることができない気がする」。
　道徳が重要なことは，言うまでもない。世間はわれわれ一人ひとりに，道徳的に行為することを期待する。われわれは家庭で，学校で，そして社会に出てからも，道徳に叶った，あるいは反しない振舞いを求められる。ただそのような要求がある一方，絶対的に正しい道徳がある，とは世間は思っていないようにも見える。だとすれば道徳的に振舞うとは，どう振舞うことなの

か。そもそも道徳とは何なのか。それはどんな性質の規範なのか。例えば道徳的価値観は，人によって違うものなのか。あるいは社会によって違うのか。なぜ人は道徳的に振舞うべきなのか。結局は自分のためになるからか。疑問は尽きない。──このような「哲学的」問題について，学校教育では考える機会がないのが実情だろう。これらの問題について，自ら考えたことがある人も，多くはあるまい。それゆえ，自分が道徳を教えるという状況を想像した場合，上で引合いに出したような気掛かりが生じるのは，不思議ではない。本章では，道徳哲学的な問題を幾つか考える機会を提供することで，この気掛かりの軽減を目指したい。

2　道徳は人によって違うのか

(1)　道徳的主観主義の考え

　道徳的価値判断は，人によって違うことがある。例えば，クラスの皆が押し黙る中，花瓶を壊した同級生の名を，意を決して担任に告白した児童がいるとする。クラスの一部には，この児童を，裏切り者として悪く思う者がいるかもしれない。しかし中には，この児童はこの種の非難を覚悟で勇気をもって真実を言った，と善く思う者もいるかもしれない。
　このように，善し悪しの判断が人によって異なる場面は，日常茶飯である。こういった経験の積み重ねを通し，われわれには次のように考える習慣がついている。道徳については，一人ひとりにそれぞれの見方があるのであって，誰の価値観が正しいわけでもない，と。この考えはつまり，「善悪，正義不正義といった道徳的性質は，主観的なもの」とする見解である。道徳的性質が主観的だという主張は，善悪，正不正は個人の思いとは別に（あるいはそれに左右されずに）存在しているのでなく，むしろ個々人の思いに依存して存在する，という主張である。このような考えを，「道徳的主観主義」(ethical subjectivism) と言う。
　さて，「X 氏（あるいは彼の行為）は，善い，悪い」などの判断において，善い，悪いといった道徳的性質は，X 氏（あるいは彼の行為）の性質のはずだ。これについての道徳的主観主義の考え方を，もう少し詳しく見ておこう。

上の花瓶事件でクラスメートの名を告白した児童には、様々な性質がある。例えば、男児である、小学4年生である、身長143センチ、クロールが得意、など。こういった性質は、誰かの思惑に左右されない。つまりこれらは、児童を調べれば誰もが等しく見出せる客観的性質である。では児童の行為を善い悪いと言うとき、善悪の性質は児童のどこに見つかると主観主義は考えるのか。

　ヒュームに従って答えるなら、こうなる。「判断の対象ばかりを見ているあいだは、善さや悪さの性質はとらえられない。自分の胸の内に目を向け、この対象に対してあなたに生じる肯定や否定の感情が、そこにあることに気付いてはじめて、あなたは善悪を見つけられる。善さ、悪さとは、対象の中でなく、あなたの中にあるものだ。だから、あなたがある行為や性格を善い、悪いと判断するとき、あなたが言っていることは、「自分の性質上、それらについて考えるとき、私の中に称賛や非難の気持ちや感情が生まれる」ということに他ならない。」

　英語には、次の諺がある。「Beauty is in the eye of the beholder.」美は、見る人の目の中にある、である。ある人は、鮮やかな色彩が躍動するカンディンスキーの抽象画を美しいと思うかもしれない。別の人は、穏やかで静かな農民の生活を地味な色彩で描いたミレーの具象画の方に、美しさを見出すかもしれない。何が美しいかは、見る人で異なる、ということである。道徳的主観主義によれば、これと同じように、善悪も見る人の目の中、心の中にあり、それゆえに人によって違いうる、となるのである。したがって男子児童の行為の善悪も、彼の行為の中にでなく、それを見る他の児童各々の心の中にあるのである。

　以上、道徳的主観主義の基本的考えを説明した。ヒュームはこう考えたのだった。人が、他の人やその行為を善い・悪いと言うとき、彼が言っていることは、彼の心の中に、それらについての称賛や非難の気持ちや感情が生じる、ということだ。この考えに従えば、われわれの道徳判断は、次のように言い換え可能となる。

　・「〜は善い」「〜は正しい」＝

「私は，〜に対し肯定の感情を持っている」「私は〜が好きだ」
・「〜は悪い」「〜は誤りだ」＝
「私は，〜に対し否定の感情を持っている」「私は〜が嫌いだ」

(2) 主観主義の問題点

しかし道徳的主観主義の立場からは，幾つかの問題が生じてしまう。

① 〈道徳的対立において，相手の考えを修正できなくなる〉

人間はしばしば，道徳的問題について意見が一致しない。ある人は，状況次第では戦争もすべきだと考え，別の人は，何があっても戦争は許されないと考える。ある人は死刑制度に賛成し，別の人は反対する。このような意見の対立がある場合，人々は互いに意見を戦わせる。

例えば，佐藤君と山田さんが，死刑制度の是非をめぐって対立しているとする。佐藤君は，犯罪者は罪の償いをすべきであって，凶悪殺人は死をもってしか償えない。だから死刑制度は必要だ，と考える。山田さんは，人を殺すことは悪であり，死刑も人を殺すことである。だから悪に対して悪で応じることはすべきでない，と考える。佐藤君としては，山田さんの考えは誤っている，と言いたい。さて，主観主義の立場では，山田さんの主張については次の等式が成り立っている。

「死刑制度は悪い」＝「私（山田）は，死刑制度に否定の感情を持っている」

佐藤君は，山田さんの「死刑制度は悪い」という考えを否定したい。しかしこれはすなわち，「私（山田）は，死刑に否定的感情を持っている」ことの否定になる。佐藤君は山田さんに，「あなたはそんな感情を持っていない」と言わねばならない。しかし山田さんが否定的感情を事実持っているなら，佐藤君は一体どんな資格でもって，その事実を否定できるのだろう。

② 〈道徳的不一致というものが，そもそもなかったことになる〉

第5章 道徳規範の諸側面 65

佐藤君と山田さんが，死刑制度の是非について対立していた。しかし主観主義の観点に立つと，二人の間には実は対立などなかったことになる。なぜなら，二人については，次の等式が成り立っていたからだ。

　佐藤：「死刑制度は善い」＝「私（佐藤）は，死刑制度に肯定の感情を持っている」
　山田：「死刑制度は悪い」＝「私（山田）は，死刑制度に否定の感情を持っている」

　二人は同じ事柄——死刑制度——について，対立する意見を述べているかに見えたのだが，実は二人は，違う事柄について話していたに過ぎない。つまり佐藤君は，死刑制度というよりは自分の心理について言明していたのであり，山田さんも然りである。同じ事柄について対立する意見が述べられているなら，両方が正しいことはなかろう。しかし二人が自分の感情の話をしていたなら，両方が正しくても何の問題もない。山田さんは「私はリンゴが嫌いだ」と言い，佐藤君は「僕はリンゴが好きだ」と言う。二人は自分について，それぞれ正しいことを述べているのだろう。二人の間に意見の不一致はなく，どちらが正しいのかについて議論の必要はない。主観主義の場合，道徳もこれと同じになってしまう。

(3)　道徳判断と判断理由の必要性

　道徳判断を単に話者の感情を表わす言明だと考えると問題が生じることが分かった。確かに道徳判断は，感情と無縁でない。ある行為を善いと判断するとき，そこには多かれ少なかれ，肯定の感情が伴うだろう。しかし，道徳判断は，単なる感情表明ではない。われわれが道徳判断において人と一致しない場合，やはりそこには——道徳判断が単なる感情表明なら生じないはずの——不一致や対立があるはずだ。そしてできることなら相手にも，自分の価値判断を受け入れて欲しいと思うだろう。だからこそ二人は，意見を交わしたり，戦わせたりするのである。

　感情の表明文と，道徳的言明の重要な違いは，各々の発言に対する理由の

重要性である。「私は，〜に肯定の感情を持っている」「私は〜が好きだ」——これらの言明が，相手に受け入れられるためには，特に理由は必要でない。本人が誠実に語るなら，相手はこの種の発言を受け入れるしかない。肯定・否定の感情，好悪の感情は，理由がなかろうと，理由が不合理でさえあろうと，基本的に構わないのである。

しかし道徳的判断は違う。「〜は善い」「〜は正しい」——この種の言明は，いくらそれを誠実に繰り返そうと，それだけでは相手に受け入れてもらえない。「特に理由はないが，〜は善い」と幾ら真摯に言い張ろうと，人は，まさに理由の欠如のために，あなたの判断を受け入れないだろう。

したがって死刑賛成論者は，その立場を，「死刑がなければ，凶悪犯罪が増加するから」，「死刑がなければ，人々の応報感情が満たされないから」などといった理由とともに擁護する。また反対論者は，「冤罪の可能性は常にあるから」，「死刑は国家による殺人だから」といった理由とともに擁護する。また花瓶を割った同級生の名を告白することの善し悪しについては，「友情を裏切ってはいけないから」，「真実を常に語るべきだから」といったもの以外に，「本人が名乗るまで待つべきだから」，「黙っているとクラス全員の責任になるから」，「本当のことを言わないと，本人のためにならないから」などの理由が，考えられる。

何が理由として十分か，適切か——この判断は，しばしば難しい。道徳的論争が難しいことの大きな原因には，理由の適切さの判断の難しさがあると思われる。しかし少なくとも，何が理由として受け入れられうるかは，われわれの人間社会にある合理性の複雑な観念に照らして判断される。「太陽が眩しいので，死刑には賛成」などと主張する人がいても，このような理由は，われわれの合理性に照らして理由として通用せず，そのような「理由」に支えられた判断は，社会に認められることはない。また何が理由として通用するかは，社会によって異なることがある。例えば「人は自分で自分の身を守らねばならない。だから銃を所持することは善いことだ」という論理が成り立つ社会もあれば，そうでない社会もある。

われわれが道徳的価値判断ができるようになる，ということは，判断を支える理由を考えつつ，価値判断ができるようになる，ということである。そ

して道徳的価値判断の理由を考えられるようになるということは，われわれの社会を理解し，あれやこれの道徳的価値と社会の諸側面とのつながりをつけられるようになることである。この意味で道徳とは，決して単なる個人の主観でなく，他者とのかかわりの中，社会生活の中にあるものと言える。

3　道徳は社会や時代によって違うのか

(1)　道徳的相対主義の考え

前節では，道徳的判断には根拠が必要で，判断の根拠となりうるものは，社会によって違いうると述べた。根拠が違いうるなら，道徳的価値そのものも社会によって違いうる。この節では，社会の違いによる道徳の違いについて考えたい。まず次の例を見よう。

チベットでは，人が死ぬと遺体をハゲワシに食べさせる，ということが一般的に行なわれているという。これは鳥葬と呼ばれる葬儀法である。遺体が鳥葬場へ運ばれると，係の者が包丁で身体を切り開き，肉を削ぐ。そして肉片が残っている骨を，鎚で小さく砕いていく。人間から合図があると，岩にとまって様子を窺っていた巨大なハゲワシたちが一斉に舞い降り，肉を貪るのである。

われわれの目には，この習慣はひどく残酷に映る。法律に抵触するということ以前に，肉親を切り刻んで動物のエサにするなど，われわれには想像さえできない。チベットの人々の習慣は死体に対する残虐行為だとして，われわれはそれを非難すべきだろうか。

「道徳的相対主義」(ethical relativism)は，非難すべきでないと答える。この考えによれば，道徳的価値は，特定の社会集団の特殊な事情に合わせて発生したもので，その集団の独特な生活を律するものである。社会集団は，大小様々なレベルで，多様なものが存在する。大きな社会集団は，内部に幾つもの小集団を抱えていよう。また昔から続いている同一の社会集団も，過去と現在を比較するなら，異なる集団と見たほうがよい場合があろう。そしてこのような集団それぞれに，固有の道徳があるのである。したがってチベット文化と日本文化の道徳は同じでないし，仏教文化とキリスト教文化の

道徳も同じではない。古代ギリシャと現代日本の道徳観も同じではないし、かつての日本の家制度を支えた価値観と、現代日本の家族にある価値観も異なる。

このように、道徳的相対主義の考えによれば、道徳は社会に相対的である。「郷に入っては郷に従え」という諺もあるが、ある社会で正しいとされていることが、その社会では正しいことである。そして、どの社会の道徳が一番優れているか、と問うことは意味をなさない。それを判断する基準が、文化ごとに違うからである。さらに判断基準が異なるのだから、別の文化をその外部から批判することにも意味はない。相対主義の主張を箇条書きでまとめておこう。①道徳は、社会集団ごとに異なる。②ある社会で正しいとされていることが、その社会で正しい。③異なる道徳間には優劣はなく、自分の価値観で他の価値は批判できない。

(2) 道徳的相対主義の意義

道徳的相対主義の考えは、古代ギリシャに遡る古いものだ。古代ギリシャでは、異文化との文化的・商業的接触が頻繁にあり、民族ごとに慣習・習俗が違うことを、人々は意識せざるをえなかった。そして当時活躍したソフィストたちは、道徳はまさに慣習であり、民族、社会、国によって違うのだ、とした。最近では、20世紀前半に、文化人類学者たちが相対主義を熱心に説いた。当時、世界各地に残っていた「未開」社会は、「文明」国より遅れている、劣っている、と見なされていた。「文明国」による植民地支配は、自分たちとは異なる文明に対するこのような偏見に助長されていた。そうした中、文化人類学者たちは「未開社会」に実際に足を踏み入れ、道徳を含む未開社会の諸制度が、高度に発達した複雑なものであることを理解し、それを記録、報告した。そのような社会は遅れている、劣っているのではない、むしろわれわれとは別様の、独自の発展を遂げた社会だ——といったことを、彼らは知らしめたのである。

人間は、自分に馴染みの考えが正しいものだと思い込みがちである。このような態度は、異質なものへの配慮に欠ける傲慢さに結び付きかねない。それゆえ、外国人労働者や留学生の増加によって、異なる価値を間近に感じる

ことができるようになった今の日本社会において，また国際化とは差し当たり無関係に，日本人自身の価値が多様化した今の日本社会において，自分とは異質なものを「劣っている」，「誤っている」ものとして排除することを戒め，それを相手の観点から理解しようと努める相対主義的態度を身に付けることは，一つの道徳的態度を身に付けることでもある，と言える。

このことは『学習指導要領』（平成10年）にも表われており，例えば小学校5・6学年の道徳教育の内容として，次の項目が掲げられている。「謙虚な心をもち，広い心で自分と異なる意見や立場を大切にする」，「外国の人々や文化を大切にする心をもち，日本人としての自覚をもって世界の人々と親善に努める」。これらは道徳的相対主義的な価値であり，その意義は十分に尊重されねばならないと思う。

(3) 道徳的相対主義の問題点

ところが，道徳的相対主義を無批判に受け入れることから生じる問題もある。それらを幾つか，書き出すことにする。

① 〈異なる社会集団を道徳的に批判できなくなる〉

思想統一のため，人々から言論の自由が剥奪されている国を想像してみる。あるいは，男性に当然付与されている権利が，女性には与えられていない社会を想像してみる。またある社会では，特定の民族や宗教が弾圧されているとする。さらに別の場所では，警察による拷問や虐待が正当な取り調べ方法として認められているとする。われわれはそのような状況に対し，人間的な怒りを覚えるかもしれない。しかし道徳的相対主義に立つなら，そのような社会に対し，人は批判的なことを言うべきでないことになる。相対主義によれば，他と比べて優れているわけでもない自集団の価値基準に基づいて，他の集団を裁くべきでないからだ。

より卑近なところで相対主義的に考えるなら，例えば大人たちは，電車で床に座り込んだり，携帯電話で大声で私的会話をする若者を非難できない。おそらく彼らの価値コードからすれば，そのような行為は何らはた迷惑なこと，正すべきことでないからだ。あるのはただ，古い世代と新しい世代の価

値観の違いだけ，となる．

② 〈自分が属する社会集団の道徳的批判もできなくなる〉
　我が国には戦前，日本は万世一系の現人神である天皇が代々支配する神の国だ，という皇国史観があり，この考えの下，太平洋戦争が行なわれた．この戦争は，天皇が行なう正しい戦争，聖戦だと宣伝された．そして兵隊が「お国のために」死ぬことは，国民として名誉なことと考えられた．命を惜しむ者は，正義感が乏しいと非難された．負傷した米軍捕虜を病院に見舞った婦人は「非国民」と罵られた．
　道徳的相対主義が正しいなら，日本が戦争美化の思想に染まる中，戦争反対を唱える平和主義は，道徳的に誤っていることになる．というのも相対主義は，ある社会で正しいとされることが，その社会で正しいと考えるからであり，戦時中，この戦争は正しい戦争だという認識が日本社会にあったなら，その認識こそが正しいのであり，それに反対することは悪になるからである．——このように相対主義の立場では，ある社会の道徳的通念に向けられた批判は，内部からもできないことになる．

③ 〈他者に対する関心の希薄化を助長する〉
　相対主義には，異なる価値観を決して否定しないという，他者への開かれた態度がある一方，まさにこの側面が逆に，異なる価値観に対する関心を失わせ，自分の価値観に閉じ籠る態度を助長する危険を孕んでいる．というのも上で見た通り，相対主義に立つならば，二つの集団が価値判断において一致しないとき，それが重要な不一致と思われる場合でも，不一致は価値観の違いとして片づけられてしまうからである．相対主義には，不一致を乗り越えるための互いに共通の土俵があるのでないか，という発想はない．したがって重要な不一致がある場合には手をこまねくほかない，というフラストレーションから背を向けるため，人々は互いに一定の距離をとり，お互いをなるべく見つめ合わないように，干渉し合わないようにするのである．このような態度は，自分とは違う考えを持つ人々に対しては，「あの人たちは違うから」ということで，同じ価値観を共有できる人間とのみ閉鎖的に付き合

う人々の態度に重なる。

(4) **人間に共通の価値**
　文化や社会の違いから生じる道徳観念の違いがあることは否定できない。しかしその一方，文化の違いを超越した，どんな社会にも共通の価値が存在することも見逃してはならない。①一つには，社会が成立・存続するために何が一般的に必要か，という観点から見出される価値がある。②また生物としての人間に普遍的に備わっている性質，という観点から見出される価値もあろう。

　①の観点から見出される価値については，例えば，人の命を奪っても罪の問われない社会など，おそらく存在しえない。気に入らない人間がいれば，自由に殺してよい──こんなことがまかり通るような社会では，人は安心して暮らせない。そのような社会は，人間の共同生活の場として存続しないだろう。また真実を尊重しない社会，嘘を奨励する社会も，存在しえないだろう。そのような社会では人々の間に信頼関係が結べず，政治も商取引も何も機能しないだろう。さらに盗みを禁じない社会も想像しがたい。必要なものは人から奪えばよいのなら，誰も労働に価値を見出さず，生活に必要な物資も十分に生産されないだろう。すると，わずかに存在する品々をめぐって，人は争い合うだけだろう。

　②の観点から見出される価値について。文化人類学者は，異文化に調査に出かけ，その文化に対し一定の理解を持つようになる。最初は言葉も文化も分からないのに，なぜ理解が生まれるのかと言えば，「人類の共通の振舞いが，未知の文化を理解する際の準拠枠」として存在するからだ。嬉しいときには笑い，悲しいときには泣くといった，文化や言葉の違い以前に存在する，共通の地平なるものが人間にはある。また，愛情をもって育ててくれた人々，すなわち両親に愛情を抱く，ということも，人類共通の反応だろう。「父母を敬え」という道徳的命令は，人間のこういった感情反応を再確認する普遍的道徳のように思われる。他にも例えば，死んだ仲間や肉親を手厚く葬る，というのも，人類共通の振舞いに根差す本能的な道徳行為でないかと思われる。10万年程前にヨーロッパで生活をしていた，ホモ・サピエンスの近縁

種であるネアンデルタール人には，すでに墓に花を添えるなど，死者に対する敬意を表わす埋葬の習慣があったとされる。

人類に共通の準拠枠，という視点に立ってチベットの鳥葬を見るなら，それについて，単なる残酷で風変わりな風習といった見方以上の理解ができるようになろう。もちろんチベットの人々は，われわれが鳩にエサをやるように，死者をハゲワシにやるのではない。鳥葬はれっきとした葬儀であり，死者には敬意が払われている。人は死後，安置され，僧の読経によって，魂が肉体から離れる。そして魂が抜けた身体は，自然界へのお布施として，それまで自然の恵みによって生かされてきたことへの最後のお礼として，鳥に与えられるのである。また高地で燃料となる木がなく，凍土のために容易に地面が掘れないという環境の中，鳥葬は合理的葬儀でもある。要するに鳥葬には，死者に対する敬意という人類共通の価値が，自然環境に制約され，また仏教によって意味付けされた形で，文化相対的な形で表われているのである。

異なる価値への寛容さは必要である。しかし人間に共通の道徳的拠り所があると考えることで，われわれは，異文化をより深く理解できるようになるし，また異文化に対し慎重に異議を唱えることができる。またわれわれは，異文化からわれわれに対して唱えられた異議を理解できる。さらにわれわれは，自分自身の社会の道徳的通念に対しても，普遍的道徳に依拠した批判的眼差しを向けられるようになる。他者に対して開かれた態度であったはずの相対主義が，かえって他者に対して心を閉ざす傾向を助長するようではいけない。

4 人が道徳的に振舞うのは，自分のためか

(1) 心理学的利己主義の考え

子どもに移植するために自分の腎臓の片方を提供する親。休日返上で同僚を手助けする会社員。電車の中で老人に席を譲る若者。赤十字に献血する学生。これらの人々のこれらの行為は，本人以外の誰かに対する献身的行為だ，と普通われわれは考えるだろう。——しかしわれわれのこの認識に対し，「実はそうでないはずだ」と唱える立場がある。この立場によれば，人間の

心は利己的にできている。つまり人間はその心理的本性上つねに自分の利益を求めて行動する動物だ、ということである。人間心理の本質的利己性を唱えるこの考えは、「心理的利己主義」(psychological egoism) と呼ばれている。これまで道徳的主観主義、道徳的相対主義について考えたが、最後に心理的利己主義を検討しよう。

　この種の利己主義者の代表とされるホッブズは、簡潔にこう言い表わしている。「どんな人の自発的行為も、その目的は何らかの自己利益だ（……of the voluntary acts of every man, the object is some good to himself)」[3]。別の哲学者は、心理的利己主義の考えを次のように代弁している。「他者にどれほど愛情を感じようと、あるいは感じていると思っていようと、どんな感情も無私でないし、無私ではありえない。最も寛大な友情も——それがいかに誠実なものでも——変容した自己愛である。人類の自由・幸福のために熱心に尽力しているかに見えるときも、われわれは、自覚さえなしに、自己満足を求めているだけだ。想像によって、熟考によって、強い感情によって、われわれは他者の利益に貢献しているかに見えるのであり、またわれわれには何ら利己的動機はないと思う。しかし奥底では、最も寛大な愛国者と最もしみったれた守銭奴、最も勇敢な英雄と最も卑屈な憶病者は、すべての行為で、彼ら自身の満足や幸福に同じ関心がある」[4]。

　心理的利己主義からすると、自分では「人のため」と思いつつ行為しようと、人は結局は「自分のため」に行為している。一見利他的に見える行為も、よくよく観察すれば、行為者は何らかの見返りを得ており、この見返りが行為者の行為の——意識的な、あるいはときには無意識的な——動機になっている。したがって病気の我が子に自分の臓器を提供する親は、「無償の愛、究極の利他心」からそうするというよりは、まさに子どもの命が自分の利害と直結しているから、子どもが命を落とすのが親として耐えられないから、ドナーになるのである。同僚のために尽力する人は、そうしないことで関係にヒビが入るのが嫌だから、あるいはそうすることで関係が一層深まり毎日が充実するから、休日を返上するのである。老人に席を譲る若者は、そうしなかった場合に感じる罪悪感を避けるために、あるいはそうすることで得られる感謝の言葉を期待して、席を譲るのである。人助けの社会活動をするこ

とで，爽快感や社会参加の悦びを得られるので，われわれは献血をしたりするのである。

このように心理的利己主義は，人間についてのシニカルな見方を提供する。この（多分）ショッキングな見解には，何か意義があるのだろうか。可能性として一つ考えられるのは，道徳の基盤としての意義である。道徳規範は，人間の本質を無視した理想であってはいけない。ゆえに，もし人間が利他心から行為できないというのが本当なら，利他心を前提とした道徳規範は，しょせんは順守できない規範であり，絵に描いた餅である。人間は利他心からは行為できないなら，われわれは利己心を前提とした道徳規範を作らねばならない。「情けは人のためならず」という諺は，心理的利己主義を基礎にした道徳を典型的に表わしている。この諺が意味しているのは，情けを人にかけておけば，巡り巡って自分に返るので，人には情けをかけておくべきものだ，ということである。ここには，自分の利益を動機にした善行の勧めがある。人に対する思い遣りを私利と結びつけようとする打算的態度がある。問題は，この種の道徳的態度の根底にある心理的利己主義的考えは，果たして正しいのか，である。

心理的利己主義が正しいかどうかが気になるもう一つの理由がある。心理的利己主義にある皮肉な人間観は，利他的行為をしないで済ませることの口実にもなりうるからである。「人のために」行なわれる行為としてすぐさま思い浮かぶのは，ボランティア活動だが，ボランティアはしばしば，偽善・自己満足の誹りを受ける。この種の誹りの根底には，ボランティア行為に対する心理的利己主義のとらえ方があろう。心理的利己主義には，「利他的」行為を，「自分のため」の行為におとしめる効力がある。ゆえにボランティア行為を自己満足呼ばわりすることで，人は自分がボランティアに参加しないことを正当化できるのである。もちろんこれは，広く利他的行為一般に当てはまる。常に自分の利益だけを追求して生きていたい人は，他人の幸福に対する自分の無関心がなんらやましいものでないことを，心理的利己主義の考えによって，自分に対して他者に対して弁明できるのである。このようなことを考えるときにも，心理的利己主義が正しいのか，は気になる問題である。

心理的利己主義の指摘を待つまでもなく，うわべは利他的に見える利己的行為は，ごまんとあろう。しかし私見では，心理的利己主義は人間の行為の一般的描写としては，ミスリーディングである。そこで以下では，心理的利己主義に対してどんな批判ができるか，見てみることにする。

(2) 人の行為は，一種類に括れるのか
　心理的利己主義は，全ての行為を，利己性という一つの次元に還元する。これに対しては，「全ての行為を「利己的」という名の下に一括りにすることで，われわれにとって重要な区別が，見えなくなってしまう」という批判が可能である。
　下に掲げる行為のリストを見てみよう。

　(A)　本当は座っていたいが，目の前のお年寄りが辛そうなので，席を譲る。
　(B)　目の前のお年寄りが辛そうだが，立つのは自分も辛いので，席を譲らない。

　(A)　献血車があったので，「注射針は嫌だが，役に立てれば」と思い，献血をした。
　(B)　献血車があったが，「針は嫌だから，他の人が役に立ってくれればいい」と思い，通り過ぎた。

　心理的利己主義の観点からは，これらは皆，「自分のため」の利己的行為に分類される。罪悪感を避けたいので席を譲る人と，立ち続ける苦痛を避けたいために席を譲らない人。社会貢献の満足を得るために献血する人と，注射の痛さを避けるために献血しない人。——それぞれの行為者はこのような姿で，心理的利己主義の目に映る。形の違いこそあれ，皆自分の欲求を満たしているだけだとされる。
　しかし(A)と(B)の行為には，大きな違いがある。つまり(A)タイプの行為にお

いては，行為者は自分のある欲求を断念する。そして代わりに，他者への配慮がある行為，他者の利益になる行為，を優先させる（心理的利己主義に譲歩して，仮にそこに「自分のため」になる何かがあるにせよ）。それに対し(B)タイプの行為においては，他者への配慮は皆無である。他者への配慮から生じる，欲求の断念もない。あるのは，ただ純粋に自分の利益に対する関心だけである。心理的利己主義は，これらの異なる行為を同じカテゴリー——すなわち利己的行為——に分類するため，二つの行為の違いを端的に示せない。だがわれわれには元々，二つの違いをよく示す言葉があった。それらはまさしく「人のため」と「自分のため」である。しかし心理的利己主義は，人のための行為も自分のためだとすることで，二つの言葉の区別を捨てるのである。(A)と(B)の二タイプの行為の違いを見えなくする点で，心理的利己主義には問題がある。

(3) 人のためと自分のためは，両立しないか

心理的利己主義の考えでは，「人のため」と思われた行為からも行為者は利益を得るので，それは実は「自分のため」の利己的行為だった，ということになる。この考えを整理して表わすと，こうなろう。

① Xは，Yのために，ある行為Zをした。
② しかしよく見るとXは，Zから何らかの自己利益を得ている。
③ 故に，Xは実は自分のために，Zを行なった。

ここには，行為は利他的か利己的かどちらかだという，二者択一的思考がある。しかしハムレットのような「あれか，これか」の選択は，ここでは無用だと思う。というのも，ある一つの行為が同時に「Aさんのため」であり，かつ「Bさんのため」であることは，幾らでもあるからだ。例えばAを喜ばせるために，私はAに贈り物をする。しかし私は，Aが喜ぶことで，Aの家族であるBも喜ぶことを知っている。そして私は，Bにも喜びが生じるようにと，Aに贈り物をするとする。すると私の行為は，AとBの二人のため，ということになろう。どちらか一人のためである必要はない。

さてここで，Bが私自身であってはいけない理由は，ないだろう。私はAに贈り物をし，Aは喜ぶ。そして——心理的利己主義が指摘するように——それを見て私も喜ぶ。しかし心理的利己主義に従って，「ゆえに私は，Aのためでなく，自分のために贈り物をした」と言う必要はない。私の行為はAのためであり，同時に私のためでもある，と言えるのであり，一つの行為の二つの側面は両立できる。

(4) 人の満足から，満足を得てはいけないか

　人が喜ぶ姿を見たいがために，人のために行為する人がいる。あるいは人が満足する姿を想像し，それを糧に人のために行為する人がいる。心理的利己主義に言わせれば，自分が喜びを得るこのような行為は，結局は「自分のため」の行為になるのだった。既に幾つかの反論を試みてきたが，心理的利己主義はわれわれに，次のことを気掛かりにさせる。行為者自身が喜びを得ることで，人のための行為は私利の混じった不純なものになるのか。そして不純なものになることで，それは道徳的価値を減らすのか。

　答えを探るため，人の喜びに自分の喜びを見出しつつ行為する人から，自分の喜びを差し引けばどうなるか，考えてみたい。喜びを引いた分，行為は純粋になるだろうか，価値を増すだろうか。例えば，近所の一人暮らしの老人を定期的に訪問し，食事の差し入れなどをする主婦を想像してみる。老人は主婦の訪問を喜んでおり，主婦も喜ばれることを喜ぶ。互いの喜びが二人を結びつけ，それが次回の訪問につながっている。次にこの主婦から，彼女自身の喜びや満足を消してみる。そして喜びや満足がなくとも，主婦は老人を訪問し続けるとする。彼女にはもはや，そうする理由は何もない。にもかかわらず，老人のためと一般に思われることを，主婦は今や，まるでロボットの如くこなしては，自分の家に戻るようになるのである。

　さて主婦の行為からは，「自分のため」と呼ばれる要素が消えたのだった。彼女の行為はそれによって，私利の欠片もない，純粋に老人のためのものになったろうか，道徳的な価値を増したろうか。決してそうは見えない。主婦は確かに，老人のために行為をしてはいる。しかしそれは，心が通い合わない，人間味のない行為になった。人の喜びを見て，自分も喜ぶ。人の悲しみ

を見て，自分も悲しむ。これは共感の能力である。以上の思考実験を通して分かることは，われわれは共感や心の通い合いに道徳的価値を置いている，ということである。なので，心理的利己主義が仄めかすように，他人の満足に満足を覚えることを，不純だと否定的にとらえる必要はない。

(5) 人のためと自分のための間に，明確な線は引けるか

　心理的利己主義には，利他か利己の二者択一的思考があった。最後にこれに対し，利他と利己は両立できるだけでなく，そもそも常に明瞭に分けられるのかあやしい，ということを加えておきたい。

　人間は社会的動物であり，様々な関係性の中で生きている。ある関係性においては，われわれは自分以外の人間と一体化していることがある。家族愛によって結びつけられている家族関係が良い例である。家族は互いに支え合って生きており，家族の誰かが不幸なら他の家族もそれを自分の不幸のように感じ，家族の誰かが幸福になれば他の家族もそれを自分の幸福のように感じるという意味で，われわれは自分の家族と一体化し，互いは互いの一部になっている。それゆえ私が家族のために行なうことは，家族がそれを喜ぶことで私も喜ぶという形で私に返ってくるなら，私のためでもあると言えるかもしれない。逆に私が自分のために行なうことは，私がそれを喜ぶことで家族も喜ぶという形で家族に返るなら，家族のためでもあると言えるかもしれない。このように，ここでは「彼らのため」と「私のため」は，われわれが関係の中で一体化しているので容易に分離できない。

　友愛によって結び付けられた人間関係においても，まったく同じことが生じるだろう。私と友人が一体化している程度において，「友人のため」と「私のため」は分離しがたい。だがわれわれは，共感，郷土愛，愛国心，人類愛といったものを通しても，互いに一体化しうる。その場合，こういった心情の下，われわれが他人や郷土や国や人類のために行なう行為についても，「自分自身のため」と「自分以外の人のため」を容易に分離することは出来ないだろう。

　こう見てくると，人間はどんな場合も結局は，私益を目指して行為する，

という心理的利己主義のシニシズムは，人間の行為についての非常に単純な見解を表わしているに過ぎないということに気付かされる。したがって，この単純に過ぎる主張を根拠に，道徳体系や道徳教育を論じるわけにはいかない。またこの単純すぎる主張を根拠に，マザーテレサもシャイロックも同じだなどと結論するわけにもいかない。心理的利己主義についての検討からは，次の教訓が引きだせると思う。ある主張の見かけの明快さに惑わされ，事柄の微妙な理解をおろそかにしてはならない。

5 まとめ

道徳に関するいくつかの哲学的問題を通して，道徳とは何かについて考えてきた。では，そもそも道徳とは結局何なのか。答えを急ぐ必要はない。ある行為について道徳的評価をするときに重要なのは行為の動機か，あるいは結果か，など考えるべき問題は多く残されている。道徳とは何か？　これについては，本章を含む本書全体の考察を足がかりに，書物を読み，人と議論し，人としての経験を深め，自分で考える中で，各人が自分の答えを見出していくことを期待したい。

(1) Hume, D., *A Treatise of Human Nature*, 2nd edn, Oxford University Press, 1978, pp. 468-9 を改変。
(2) 参考：Wittgenstein, L., *Philosophische Untersuchungen*, 2nd edn, Blackwell, 1958, § 206.（藤本隆志訳『哲学探究』〈ウィトゲンシュタイン全集8〉大修館書店，1976年）
(3) Hobbes, T., *Leviathan*, Ch.14 の一箇所。参考：ホッブズ，水田洋訳『リヴァイアサン』〈岩波文庫〉（岩波書店，1992年），第1巻220頁。
(4) Hume, D., *An Enquiry Concerning the Principles of Morals*, Oxford University Press, 1998, Appendix 2, pp.164-5. ヒューム自身は，この考えに批判的だった。

■ 参考文献

荒木紀幸編著『道徳教育はこうすればおもしろい』（北大路書房，1988年）。
小寺正一・藤永芳純編『新版　道徳教育を学ぶ人のために』（世界思想社，2001年）。
レイチェルズ，古牧徳生・次田憲和訳『現実をみつめる道徳哲学』（晃洋書房，2003

年).
加藤尚武『現代倫理学入門』〈講談社学術文庫〉(講談社，1997 年).

第6章

美的なものと道徳
――感情・道徳的判断力・充実した生き方――

■片山勝茂

1 はじめに

(1) 本章の構成

本章はまず，美的なものとはどのようなものであるのかを明らかにする。その上で，人と美的なものとのかかわりで立ち現われてくる道徳的な価値として，感情・道徳的判断力・充実した生き方の三つを取り上げ，美的なものを用いた道徳教育の可能性を探求する。その際，英国の学校教育の実践例を取り上げることによって，授業の具体的なイメージがつかめるようにしたい。

(2) 美的なものとはどのようなものか

美的なものとは，何のことだろうか。美しい芸術作品のことだろうか。もしそうだとすると，美しくない芸術作品はどうか。たとえば，ピカソの『ゲルニカ』(1937年)の絵は，ゲルニカの町への爆撃をモティーフにしており，美しいとはいいがたい。しかし，『ゲルニカ』の絵はやはり，美的なものといえる。では，美的なものは芸術作品一般のことだといえるだろうか。世の中には，芸術作品ではなくとも，美しいものが沢山ある。たとえば，水仙の花や，雨上がりの虹，西の空を真っ赤に染める夕日など。こうしたものもやはり，美的なものといえる。では，美的なものとは，結局何のことだろうか。

「美的なもの」という言葉は，「美しいもの」や「芸術作品」という言葉に比べて，日常使われることが少ない。つまり，専門用語・学術用語に属する。その理由の一つは，「美的なもの」という言葉がいわゆる翻訳語，つまり

the aesthetic（エステティック）という概念を輸入するためにつくられた語であるからである。そのため，美的なものとは何かを把握するには，もとの概念である the aesthetic の意味内容を把握することが大事である。

「美的なもの」（the aesthetic）という言葉は，もともとは，感覚によってとらえられるものを意味していた。したがって，色や音，形，味，匂いなどをもったもの全般を意味していた。しかしながら，現在では，ここまで広い意味で使われることはない。現在では，主に二つの意味で使われる。第一に，美しいものを美しいと，また醜いものを醜いと認識する能力にかかわるもの，という意味。第二に，芸術作品の価値を認識する能力にかかわるもの，という意味。これら二つの意味に対応して，美的なものについての学問である美学（aesthetics）もまた，芸術作品に関する学問であるとともに，芸術作品のみならず，自然の美の体験なども含めた美的経験一般についての学問となっている。

(3) 美的なものと感性

美的なものを認識する能力，つまり美醜を認識する能力や，芸術の価値を認識する能力は，審美眼，美的感覚，美意識，美的判断力，趣味，感性などさまざまな呼び方で呼ばれる。日本の教育界では，感性という語が比較的普及している。たとえば，幼稚園教育要領では「いろいろなものの美しさなどに対する豊かな感性をもつ」ことが領域「表現」のねらいとされている。また，小学校や中学校の学習指導要領でも，音楽，図画工作，美術といった教科で，感性を豊かにし，高めることが繰り返し強調されている。ただし，中学校段階になると，美的感覚や，美意識，美的選択能力という表現も用いられている。

小学校と中学校の指導要領を見る限り，美的なものと道徳との関係はあまり強調されていない。具体的には，道徳の内容のうち，「主として自然や崇高なものとのかかわりに関すること」のうちの一項目として，「美しいものに感動する心や人間の力を超えたものに対する畏敬の念をもつ」ことが取り上げられているぐらいである。残念ながら，このような取り上げ方だけでは，美的経験がもちうる道徳的意義をとらえきれないだろう。たとえば，芸術作

品を通じて人権についての道徳的理解を深めたり，自分や他者の生き方について反省するといった現象をとらえきれないだろう。本章では以下，感情・道徳的判断力・充実した生き方という三つの道徳的価値に着目することで，美的なものと道徳との密接な関係を明らかにしたい。

2　美的なものと感情

(1)　美的なものと感情

　美的なものは，しばしば人にさまざまな感情を喚起する。たとえば，ピカソの『ゲルニカ』は，しばしば見る人に爆撃への怒りや，爆撃を受けた人々への哀れみの感情を喚起する。また，ヒッチコック監督の『サイコ』(1960年)のようなサスペンス映画は，見る人に恐怖や緊張感を与えることを意図して創られている。そして，音楽はしばしば，映画やドラマでそれぞれの場面の感情的効果を高めるために用いられている。音楽はまた，単独でも，聴く人にさまざまな感情を呼び起こす。たとえば，ラブソングは恋人への愛しい気持ちを抱かせ，ベートーベンのヴァイオリン協奏曲の最終楽章は楽しく，喜ばしい気持ちを抱かせる。さらには，詩や小説はしばしば，日常生活ではなかなか体験できないほど複雑で，精密な感情の動きを体験させる。

　美的なものはまた，しばしば感情の表現でもある。表現される感情は，美的なものを創りだす人自身のものであることもあれば，美的なものを創りだす人が想像力によって創りだしたものであることもある。たとえば，ピカソの『ゲルニカ』は前者にあたる。つまり，『ゲルニカ』はピカソ自身が感じた怒りや哀れみの感情の表現といえる。他方，たとえばトルストイの小説『アンナ・カレーニナ』(1875-77年)は後者にあたる。つまり，『アンナ・カレーニナ』ではトルストイはアンナやレーヴィンといったさまざまな登場人物を想像力によって創りだし，それぞれの登場人物の感情の動きを精密に表現している。

(2)　道徳的能力としての感情

　では，美的なものがもっている感情の喚起力や，感情の表現としての特性

は，道徳や道徳教育とどのようなかかわりがあるのだろうか。この問いに答えるには，まず，感情そのものが道徳的能力の一つであることを確認する必要がある。第一に，それぞれの対象に対してふさわしい感情を抱くことは，優れた道徳的能力である。近年再評価が進んでいる徳倫理学（virtue ethics）では，それぞれの状況にふさわしい感情を抱くことを徳の働きと位置づけている。すなわち，勇気や思いやり，寛容さといった徳はすべて，行為と感情の両方にかかわる性向であり，感情はそれぞれの状況への反応であるとともに，行為の動機となる，と考えられている。したがって，単に愛情や哀れみといったいくつかの感情が道徳的に意義があるというだけでなく，感情すべてが（優れた，ないしは劣った）道徳性の現われであり，道徳的に意義があるといえる。そして，怒りや妬みといった通常好ましくない感情も，状況によっては，ふさわしい場合がある。たとえば，外国人労働者に対する搾取や人種差別などの不正義への怒りや，生まれによる社会的不平等に基づく妬みは，現状を問題視し，改善する動機となりうる。

　第二に，自らの抱いている感情や，他者の感情を認識し，理解する能力，さらには，感情を制御し，ふさわしい仕方で表現する能力もまた，優れた道徳的能力である。この能力は，近年，こころの知性（emotional intelligence）や感情を扱う能力（emotional literacy）などと呼ばれ，心理学の領域や教育界で重要性が認められつつある。教育界での取り上げ方の特徴は，子どもだけでなく，むしろ親や教師，（英国で地方教育行政を担当している）地方教育当局（Local Education Authorities）などにこそ，感情を扱う能力が必要だとされていることだろう。その典型例としては，英国のサウサンプトン地方教育当局での取り組みがある[1]。サウサンプトン地方教育当局では，まず地方教育当局に属する職員――とりわけ教育心理士と視学官――の感情を扱う能力を高めることから始め，校長や教師，親，生徒などを対象としたセミナーを開いたり，ガイドラインを発行したり，いくつかの学校と協力してプロジェクトを行なうなど，さまざまな取り組みを行なってきている（日本の教育界では一般に小学生を「児童」，中高生を「生徒」と呼び分けているが，本章では煩雑さをさけるため，学校に通う子どもについては「生徒」という表記に統一する）。

(3) 美的なものを通じての感情の教育

　感情そのものが道徳的能力の一つである以上，美的なものを通じて感情を教育するという形で，美的なものは道徳教育に役立ちうる。ただし，美的なものを経験しさえすれば，それだけで常に，それぞれの状況にふさわしい感情を抱く能力や，感情を理解し，制御する能力を向上できる，というわけではない。また，美的なもの全てが感情の教育および道徳教育にふさわしいわけでもない。たとえば，ポルノグラフィーをそのまま生徒に見せることは，少なくとも義務教育段階においては，ふさわしくないだろう。さらには，美的なものに対して抱く感情は，それぞれの人の価値観と密接にかかわっており，特定の感情を抱くよう生徒に強制することは，きわめて問題がある。

　それでは，どのような仕方であれば，美的なものは感情の教育に役立つだろうか。次に，学校教育の実践例を取り上げることで，美的なものを通した感情の教育の可能性を具体的に考えてみよう。

　以下に取り上げるのは，怒りの感情を主題とした英国の小学校での実践例である（Sedgwick, Dawn & Fred, *Art across the Curriculum*, Hodder & Stoughton, 1995, pp.87-95を参照）。この実践では，生徒に「怒っているときにどのように感じるのか」を絵で描かせる。まず，7才の生徒に対しては，教師は次のような問いかけをする。「怒っているように見えるのはどんな線？」，「描きながら怒っている感じがするのは，どんな線？」，「鉛筆で怒っている形を描ける？」，「怒っているときにどんな感じがするのか，絵で描ける？」。こうした問いかけを受けて，生徒は図1のような絵を描く。女子生徒が鉛筆で描いた図1では，爆発しているような絵に，「これは私の頭がバクハツしているところ」という言葉と，二つの小さな発火装置が付け加わっている。

　また，10才の生徒に対しては，クッファーマンの『ドローイング　1971』や，ル・ブランの『柱からでた考え』といった抽象画を見せる。その上で，次のような問いかけをする。「この絵は好き？」，「どんなふうに見える？」，「この絵はどんな感じがする？」。その上で，怒りの感情を絵で描かせる。その際，生徒が見ている抽象画の手法を用いさせる。こうして描かれた絵の例が図2である。男子生徒が鉛筆で描いた図2は，図1に比べて，ずっと統制が取れていて，落ち着いたものとなっている。図2のような絵を描きなが

図1　7才の女子生徒による鉛筆画「これは私の頭が
　　　バクハツしているところ」

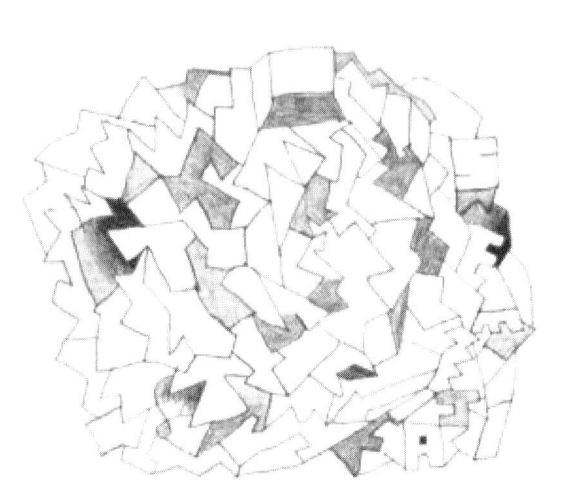

図2　10才の男子生徒による鉛筆画「怒り」

(出所)　Sedgwick, Dawn & Fred, *Art across the Curriculum*, Hodder &
　　　Stoughton, 1995, pp.87-95.

第6章　美的なものと道徳

ら，生徒は次のようなコメントを残している。「難しいなあ。あり得ない形を描くのは難しいよ」，「こうやって描くのは好き。なぜって，らく書きしていいんだもん。こうやって描いていると，落ち着いてくるの」，「ええ，でもぼくの場合，くらくらしてくるよ！」。こうしたコメントは，生徒が美的なものと熱心に取り組んでいること，そして，美的なものは生徒にさまざまな異なった反応をもたらすことを示している。

　この実践例は，絵を用いることで，生徒に怒りの感情と落ち着いた形で向き合い，反省する機会を与えている。そのため，生徒が自他の怒りの感情を理解する助けとなっている。さらには，他の活動と組み合わせることで，感情の教育としての役割を強めることもできるだろう。たとえば，どんなことに怒りを感じるのか，怒っているときはどんなふうに感じるのか，どんなふうに見えるのか，どんなふうな声や音を出すのか，といったことを話し合ったり，怒りの感情を扱った詩や物語を取り上げたり，といった具合に。また，怒りを抱いている人にどのように接するか，その悪い例とよい例とを話し合ったり，書いてみたり，さらには演じてみるといったこともできるだろう。中学校であれば，怒りの感情が表われている新聞や雑誌の記事や写真を集めさせ，メディアが怒りの感情をどのように扱っているのかを議論することもできるだろう。こうした活動を通じて，ふさわしい状況でふさわしい程度の怒りの感情を抱いたり，怒りの感情を理解，制御しつつ，ふさわしい仕方で表現したりする能力を育成できるだろう。先の実践例は怒りの感情を主題としていたが，同様の実践は喜びや幸せ，悲しみ，哀れみといった他の感情についても行なえるだろう。

　以上で取り上げた実践例は，怒りという誰もが経験している特定の感情を主題としていた。しかしながら，美的なものを通じての感情の教育は，必ずしも人がすでに経験している特定の感情を主題とするわけではない。なぜなら，美的なものはしばしば，人に新たな感情を経験させるからである。たとえば，愛情あふれる両親に対する相反する感情といった複雑な感情はしばしば，小説などの美的なものの助けを借りることで，明確に認識することが可能となる。また，チャップリンの映画『モダン・タイムス』（1936 年）は，近代の大工場で働く労働者がおかれた状況の非人間的な側面に光をあてるこ

とで，それまで感じられていなかったか，感じられていても明確に認識されていなかった，「労働者は工場の歯車のひとつでしかないという哀しさ」や「意味ある経験から遠ざけられているという疎外感」といった感情を人々に経験させる。こうした新たな感情への感受性を養うことも，美的なものを通じた教育の重要な役割である。

3　美的なものと道徳的判断力

(1)　美的なものと道徳的判断力

　美的なものを経験する際，人はしばしば道徳的な判断力を行使する。たとえば，J. K. ローリングの一連の小説，『ハリー・ポッター』シリーズを読みながら，人は「ダーズリー一家のハリーに対する扱いはひどすぎる。ハリーがかわいそうだ。ハリーが家出するのも無理はない」，「スネイプ教授はハリーを目の敵にして，ドラコ・マルフォイをえこひいきしている。不公平だ」，「ヴォルデモートはなんて邪悪で，恐ろしい奴なんだ。そんな奴に立ち向かうハリーはなんと勇気があるんだ」といった道徳的判断を下す。また，スピルバーグ監督の映画『シンドラーのリスト』（1993 年）を見ながら，人は「ナチスのユダヤ人強制収容所は残虐すぎる。人道に対する罪だ」，「シンドラーは多くのユダヤ人の命を救うという素晴らしいことをした。ナチスの高官と親交を結んだのも，ユダヤ人を救うために役立ったのだから，仕方のないことだ」といった道徳的判断を下す。

　もちろん，美的なものの全てが，道徳的な判断を促すわけではない。たとえば，オーケストラの演奏を聴いているときや，抽象画を見ているときに，道徳的判断を下すことはないか，あってもきわめて稀だろう。また，雨上がりの虹や夕日に見入っているときも，道徳的判断を下すことはないか，あってもきわめて稀だろう。では逆に，美的なもののうち，特に道徳的判断を促すものは，どんなものだろうか。それは，何よりもまず，小説や絵本，劇，映画，テレビドラマといった，物語（narrative）の形式をもった芸術作品だろう。

　物語を理解する際，人は物語の筋を追いながら，次々と道徳的判断を下す。

物語の登場人物のうち，誰がよい人物で，誰が悪い人物なのか。登場人物が行なっている行為はよいことなのか，悪いことなのか，状況から見てやむをえないことなのか。こうした道徳的判断を行なうことはしばしば，物語を理解する上で不可欠の作業である。そして，道徳的判断力は実際に行使されることによって高まっていく。と同時に，徳や悪徳といった道徳的価値への理解もまた，深められていく。つまり，物語の形式をもった芸術作品はしばしば，人に道徳的判断力を行使させることによって，道徳的判断力を向上させ，徳や悪徳といった道徳的価値への理解を深めさせてくれる。そこで次に，芸術作品によって道徳的判断力が向上し，道徳的価値への理解が深められるのは，どのようにしてであるのかを詳しく検討してみよう。

(2) 物語の形式をもった芸術作品と当たり前の道徳的規範

　物語の形式をもった芸術作品は，道徳的判断力を向上させ，道徳的価値への理解を深めさせるという形で，道徳教育に役立ちうる。ただし，物語の形式をもった芸術作品であれば全てが，道徳教育にふさわしいわけではない。たとえば，小説をもとに映画化された『羊たちの沈黙』のように，精神異常の殺人犯をテーマとしたフィクションの多くは，犯人をゲイ（同性愛者）として描くことで，人に「同性愛はやはり異常で，同性愛者は恐ろしい奴らなんだ」といった誤った道徳的判断を下すよう促している。また，ムーア監督の映画『華氏911』（2004年）は，見る人に「ブッシュ大統領が始めたイラク戦争は誤りだった」という（それ自体は十分正当化の余地のある）道徳的判断を促そうとするあまり，「イラク戦争前のイラクは平和で何の問題もない国だった」という誤ったイメージを伝えている。このように，同性愛やイラク戦争といった重要な事柄への道徳的理解をゆがめかねない芸術作品は，批判的に取り上げるのでない限り，道徳教育にふさわしくないだろう。

　差別と人権やイラク戦争の是非といった重要な事柄への道徳的理解をゆがめることなく，逆に深め，道徳的判断力を向上させるような芸術作品こそ，道徳教育にふさわしい。たとえば，人種差別についてはライトの小説『アメリカの息子』（1940年）や，小説をもとに映画化された『紳士協定』（1947年）や『アラバマ物語』（1962年）があり，エイズと同性愛への偏見につい

てはデミ監督の映画『フィラデルフィア』（1993 年）がある。また，イラク戦争については，アラブ系の衛星テレビ局アルジャジーラを取材したヌージャイム監督のドキュメンタリー映画『コントロール・ルーム』（2004 年）がある。では，こうした物語の形式をもった芸術作品が，人の道徳的理解を深めさせるのは，どのようにしてであろうか。

　ときに人は，これこれの映画から「差別はいけないことだ」ということを学んだ，という言い方をする。しかしながら，この言い方には注意が必要である。なぜなら，たいていの場合，人は芸術作品を理解することを通じて，道徳についての新しい知識を手に入れるわけではないからである。たとえば，先にあげた『アメリカの息子』，『紳士協定』，『アラバマ物語』，『フィラデルフィア』といった芸術作品を通じて，人ははじめて「差別をすることや偏見をもつことは悪いことで，誰でも公正，公平に扱うべきだ」ということを知るわけではない。むしろ，「差別をすることや偏見をもつことは悪いことで，誰でも公正，公平に扱うべきだ」という道徳的な規範は，差別や偏見を扱った芸術作品を理解するための前提となっている。同様に，人は『罪と罰』（1866 年）の小説を読むことではじめて「人を殺すことは悪いことだ」という道徳的知識を手に入れるわけではない。むしろ，「人を殺すことは悪いことだ」という道徳的規範は，『罪と罰』を理解する前提となっている。

　芸術作品が理解の前提としている道徳的規範は，ほとんどの場合，ごく当たり前のものである。また，当たり前の道徳的規範に含まれている正義や公正といった道徳的価値もまた，広く一般に共有されているものである。もし，「無実の人を殺すことは正義にかなったよいことだ」といった当たり前でない，突飛な道徳的規範・価値を前提とした芸術作品に接した場合，たいていの人は受け入れられず，嫌悪感を抱くであろう。同様のことは，道徳教育にもあてはまる。つまり，道徳教育が前提としている道徳的規範・価値は，生徒にとってごく当たり前のものであり，もし教師が突飛な道徳的規範・価値を前提に道徳教育を行なうならば，たいていの生徒は受け入れられず，嫌悪感を抱くであろう。そしてまた，もし教師が「いじめはいけないことだ」といった当たり前の道徳的規範を何の工夫もなくただ繰り返し何度も述べるならば，たいていの生徒は「そんなのいわれなくてもわかってるよ」と思い，

つまらなく感じるであろう。

　ごく当たり前のものである道徳的規範は，しかしながら，しばしば忘れられ，無視され，破られてさえいる。物語の形式をもった芸術作品は，道徳的判断の機会を提供することによって，人がすでに知っている当たり前の道徳的規範・価値をあらためて想起させつつ，そうした規範・価値がそれぞれの具体的な状況にどのようにあてはまるのかを判断させる。したがって，芸術作品が人の道徳的判断力を向上させ，道徳的理解を深めさせるのは，人に道徳的判断の前提となる道徳的規範・価値への理解を深めさせ，個々の具体的な状況に道徳的規範・価値をあてはめて判断する能力を向上させるとともに，同性愛者の権利やイラク戦争の是非といった重要な事柄を新鮮な目であらためて見直す機会を提供することによってである，といえる。

(3) 劇を用いた学校教育の実践例

　物語の形式をもった芸術作品が人の道徳的理解を深めさせ，道徳教育に役立つとはいっても，だから学校教育でもふさわしい芸術作品を鑑賞させればそれでよい，というわけではない。もちろん，道徳の時間にまったく何も行なわないよりは，しかるべき芸術作品を鑑賞させる方が望ましいだろう。そして，芸術作品を鑑賞させた後に感想文を書かせるということは，広く行なわれている。しかしながら，より望ましいのは，しかるべき芸術作品を用いたより積極的な授業の実践である。そこで本節の最後に，芸術作品を用いた道徳授業の実践例を取り上げることにしよう。

　以下に取り上げるのは，劇を用いた英国の小学校の実践例である（Winston, Joe, *Drama, Narrative and Moral Education*, Falmer Press, 1998, pp.123–143 を参照）。6才と7才の生徒を対象としたこの実践は，「ジャックと豆の木」というよく知られた物語をテーマとしている。劇を用いた授業は1回50分で3回行なわれる。劇の授業の前に，教師は何日かに分けて，ジャックが豆の木に2回登りさらにもう1回登ろうとするところまで語り聞かせてある。

　劇を用いた1回目の授業では，まず，劇で用いる衣装とそれぞれの衣装がどの登場人物を表わしているのかを説明する。次に，生徒にジャックの友人たちという役を振り当てる。その上で，ジャックがまたもやいなくなった

ことを母親が発見したと語り述べる。教師は母親の役を演じて，生徒にジャックがどこにいるのか知っているかどうか尋ねる。何人かの生徒が豆の木に登ったのではというと，教師は「ジャックはもう二度と登らないと約束した」と答える。「でも，ジャックは約束を破る子ですよ」と生徒は答える。ここで，生徒たちはみな，約束を破ること，特に母親との約束を破ることは悪いことだと同意し，豆の木に登ってジャックを連れて帰ることを申し出る。教師は生徒に，ジャックにこれ以上，オーグル（人食い鬼）からお金を盗ませないようにすることを約束させる。生徒たちが豆の木を登っていくところを教師が語り述べた後，場面は豆の木の上に移る。豆の木の上で，教師は老婆としてオーグルの城までの道を教えるとともに，お金がなくなるたびにオーグルが妻をなじり，ときに殴りつけていることを教え，生徒にお金を盗まないよう約束させる。最後に，生徒はオーグルの城にたどり着き，台所に入り込む。

2回目の授業ではまず，生徒は台所でオーグルが現われた際に隠れられるところを探す。教師はジャックの役を演じ，ジャックがやかんの口から出てくるところを語り述べる。ここで，ジャックと生徒の間に白熱した議論が起こる。「いますぐ下におりないといけないよ！」，「いますぐ下におりないといけないって？　誰がそういってるんだい？」，「あなたのお母さんよ」，「お母さんがいってるって？」，「ものを盗んだりする時間なんかないよ」，「お金とか……」，「盗んだりしてはいけないんだよ」，「いったい何をいってるの？」，「いますぐ下におりないと。だって，君のお母さんがそういっているんだから！」。

ジャックが下におりることを拒否し，面白おかしく振舞い，また挑発的に応答することで，何人かの生徒はジャックがお金を盗んで逃げることを手伝うことを申し出る。あわてて他の生徒は手伝わないと告げる。「わかったよ。じゃあ，君たちのうち，僕の母さんとの約束をあくまで守ろうとする人に聞きたい。なんで約束を破らないんだい？」，「なぜって，あとで叱られるからだよ」，「叱られるからなのかい？」，「それに，君も叱られるだろうよ。下におりたときに」，「へん。そんなのへっちゃらさ」，「そんなことないよ」，「たぶん，うまくやるさ」，「うまくやれないかもしれないじゃないか」，「うまく

やってみせるとも」,「おしりをペンペンたたかれちゃうよ」,「たぶん,おしりペンペンは,こわくないさ」。ここで,どっと笑いが起こる。

　ジャックと生徒の白熱した議論は,オーグルの登場によって中断される。生徒はみな隠れ,教師が演じるオーグルは叫びちらし,足を踏み鳴らした後に,お金を数える。オーグルが寝たところで,教師は劇を中断し,一人の生徒にジャックの役をやらせ,ジャックとしてお金を盗むかどうかを決めさせる。生徒が盗むことに決めたところで,2回目の授業が終わる。劇を用いた3回目の授業を行なう前に,教師は話し合いの時間を設ける。生徒はなぜジャックを連れ帰ることに同意したのか,ジャックが友だちなのはなぜか,ジャックのいいところ,ジャックの悪いところはどこか。話し合いで出た生徒の発言や,劇のなかでのジャックと生徒とのやり取りは,生徒が当たり前の道徳的規範・価値にもとづいて真剣に道徳的判断を行ない,約束や友だち,ジャックなどについて道徳的理解を深めていることを示している。と同時に,親に従順でなく,やんちゃで,約束を守らないジャックが子どもたちの友人として,きわめて魅力的な人物であることも示している。

　劇を用いた3回目の授業では,生徒が台所から抜け出して,教師が演じるオーグルの妻と出会う。教師は叫び声を上げ,オーグルを起こしてしまうが,生徒に隠れるように告げる。そして,生徒が見つからないように,オーグルにホット・ココアをいれて,オーグルを眠らせる。生徒はオーグルの妻に感謝し,お礼に彼女を助けることを決心する。一人の生徒の提案に従って,寝ているオーグルを縛り上げ,行ないを改めるように約束させる。教師は縛られたオーグルを演じて,叫び声をあげて逃げようとするが逃げられず,生徒に説教されるところで,劇は終わる。

　以上の劇を用いた英国の実践例は,複数の教科にまたがる総合単元的な授業として行なわれている。その背景には,初等学校と中等学校を通じて,英語の教科に劇の要素を含めることがナショナル・カリキュラムで定められているという事情がある。劇を用いた英国の総合単元的な道徳授業案は,日本の道徳教育の授業にも参考となるだろう。

4　美的なものと充実した生き方

(1)　充実した生き方を追求する能力

　日本や英国のようなリベラルな社会，つまり基本的人権・自由を人々に平等に保障する（ことを規範とする）社会においては，各人が自分自身にとって充実した生き方を追求する能力に対して，きわめて高い価値が認められている。その事情を理解するために，なぜ，リベラルな社会が信仰の自由や結社の自由といった基本的人権を保障しているのかを考えてみよう。基本的人権を保障する理由の一つは，そうした人権の保障が，各人が充実した生き方を追求する能力を十分に発達させ，行使する上で欠かせない条件だからである。かりにもし，人々がどのような信仰をもつのか，あるいは信仰をもたないのかを，国家が決めてしまうとしよう。その場合，国家がある特定の生き方を人々に強制することになる。そのような社会では，人々は自分にとっての充実した生き方を自ら考え，反省し，追求する能力を十分発達させたり，自由に行使したりできないことになる。

　リベラルな社会においては，教育を受ける権利もまた，基本的人権として認められている。その理由の一つは，教育が，各人が充実した生き方を追求する上で欠かせない条件だからである。したがって，充実した生き方を追求する能力を育成することは，きわめて重要な教育目的である。そして，中学校の指導要領では，道徳の内容のうち，「主として自分自身に関すること」のうちの一項目として，「自己を見つめ，自己の向上を図るとともに，個性を伸ばして充実した生き方を追求する」ことが取り上げられている。

　充実した生き方を自ら考え，反省し，追求する能力は，しばしば専門用語では，実践理性（practical reason）や善の構想に関する能力（a capacity for a conception of the good）と呼ばれる。こうした専門用語は，充実した生き方を追求する能力が優れた道徳的能力であり，徳の一種であることを示している。しかしながら，以下の議論では，より日常用語に近い，「充実した生き方を追求する能力」という呼び方をする。

(2) 美的なものと充実した生き方

では，美的なものは充実した生き方を追求する能力とどのようなかかわりがあるのだろうか。まず確認しておくべきことは，次のことである。ある特定の美的なもの——たとえば油絵やクラッシック音楽，フラワー・アレンジメント，間接照明など——を鑑賞したり，味わったり，自ら創造したりすることは，充実した生き方を追求する上で，必ずしも必要ではない。もちろん，美的なものに全くかかわることのない生き方というのは，考えにくい。しかしながら，たとえば，学校を卒業して以降，美術館・博物館を訪問することのない生活や，小説や詩を読まない生活などは，十分に考えられる。

現代のリベラルな社会では，価値観の多様化・多元化は教育の前提となっている。つまり，充実した生き方は一つではなく，さまざまなものがあり，どのような生き方を追求するのかは，基本的に（他者の権利を侵害しない限り）各人の責任にまかされる。したがって，親や教師，国がある特定の美的なものを自らの生き方に取り入れるよう，あるいは取り入れないよう，子どもに強制することは基本的に許されない[2]。親や教師，国には，子どもの発達に応じて，充実した生き方についての子ども自身の考えを尊重する義務がある。

しかしながら，美的なものは単に，各人が自らの判断にもとづいて，生活に取り入れたり，取り入れなかったりする選択肢であるだけではない。なぜなら，美的なものはしばしば，さまざまな生き方（ライフ・スタイル）を表現することによって，表現された生き方に対して社会的な承認・認知（recognition）を与えるからである。たとえば，ゲイのセクシャリティを主題としたメイプルソープの一連の写真は，そこで表現されているゲイの生き方に社会的な承認・認知を与える効果があった。と同時に，そこで表現されている生き方がマイノリティのものであったがゆえに，高く評価されるとともに激しい非難を受けている。メイプルソープの写真は，マイノリティであるゲイの生き方を広く一般に知らしめ，多様な充実した生き方の一つとして認めさせるとともに，マイノリティであるゲイの人々に対しても，自分たちはひとりではなく，同じような生き方をしている人々は他にもいることを知らしめる効果があった。

また，美的なものがさまざまな生き方を表現し，社会的な承認・認知を与えることには，次のような意味合いもある。すなわち，ある人々がかかえている問題や困難な生活状況に表現を与えることによって，そうした問題や生活状況が一般的なものであることを広く知らしめ，解決への第一歩となるという意味合いがある。その典型的な例の一つが，ライトの小説『アメリカの息子』である。ライトは貧困層の黒人の厳しい生活状況をリアルに表現することによって，貧困層の黒人の生き方に社会的な承認・認知を与え，実際，多くの読者に，問題をのりこえようとする希望を与えた。

　以上，美的なものがさまざまな生き方に社会的な承認・認知を与えることによって，各人が充実した生き方を追求する助けとなることを論じた。美的なもの，特に物語の形式をもった芸術作品はしばしばまた，人生のさまざまな側面——たとえば，兄弟姉妹との関係，友人関係，恋愛，親子関係，就職，キャリア，親しい人との死別など——を描くことによって，自らや他者の生き方について反省する機会を与えてくれる。後者の点は，詳しく論じるまでもなく，明らかであろう。

(3)　学校教育の実践例

　本節の最後に，美的なものを通じて，充実した生き方を追求する能力を育成しようとする学校教育の実践例を取り上げておきたい。

　以下でまず取り上げるのは，劇を用いた英国の中等学校の実践例である（Office for Standards in Education, *The Arts Inspected: Good Teaching in Art, Dance, Drama, Music*, Heinemann, 1998, p.55 を参照）。14才と15才の生徒を対象としたこの実践は，「暴力に対する態度を変える」というテーマで，25分間の劇を創作し，リバプール地方教育当局の大会にて劇の上演を行なった。この劇の筋は，有名なサッカー選手が40才になって一人，貸間に下宿することになるというものである。生徒はフラッシュバックの手法を用いて，サッカー選手の人生のなかでの三つの大きな節目を演じた。第一の節目は，結婚式の日である。この日，彼はお酒を飲みすぎてしまい，しかも妻とではなく男友達と時間を過ごしていた。第二の節目は子どもが生まれた日である。この日，彼はどこかに行ってしまっていた。第三の節目は，妻を殴ってしまい，とうと

う離婚することになった日である。

　三つの人生の節目を演じた上で，生徒は再び，それぞれの節目の出来事を演じ直した。その際，サッカー選手は別の生き方を選べたのではないかと問い，現実的な解決策を示していった。この上演は，フラッシュバックや反復，活人画（still image/tableau），マイム，内言の表現（thought-tracking）といった演劇の手法をうまく生かしたものとなっており，非常に高く評価された。以上の実践例は，妻に暴力をふるってしまう男性という生き方に対して（先に説明した意味での）社会的な承認・認知を与え，問題解決への希望を示すともに，生徒が自分自身や他者の生き方について反省し，理解を深める機会を提供している。

　もう一つ，人との関係を主題とした英国の中等学校の実践例も取り上げておきたい（Office for Standards in Education, *Promoting and Evaluating Pupils' Spiritual, Moral, Social and Cultural Development*, http://www.ofsted.gov.uk/ HMI 2125, March 2004, p.31 を参照）。14才と15才の生徒を対象としたこの実践は，単元の締めくくりとして，生徒にそれぞれテーマを選ばせた。そして，学校の図書館に収めることを前提に，選んだテーマについて人にアドバイスを与える小冊子を書かせた。その成果はいずれも，質の高いものとして評価された。たとえば，『なぜお母さんは新しいパートナーが欲しいのか』という小冊子は，年長者に対する深い理解を示していた。また，『ガールフレンドの扱い方』という小冊子は，15才の子どもにとって，恋人関係はどのようなものなのかを注意深く探求していた。さらには，自分や友だち，自分の恋人が妊娠した場合にどうすればよいのかをテーマにしたものや，『ぼくは自分の兄弟がだいっきらいだ』という題の小冊子もあった。以上の実践例は，厳密な意味で美的なものを用いた実践とはいいがたいかもしれないが，同様の単元学習のなかに美的なものを取り入れることは十分に可能であろう。ともかく，この実践例は，充実した生き方を追求する能力を育成するものとなっており，日本の道徳教育の実践にも参考となるだろう。

(1)　Sharp, Peter, *Nurturing Emotional Literacy*, David Fulton Publishers, 2001, pp.75-88, 112-121; Weare, Katherine & Gray, Gay, *What Works in Developing Children's*

Emotional and Social Competence and Wellbeing? DfES Publications, http://www.dfes.gov.uk, RB456, July 2003, pp.99-102.
(2) ただし，例外的な措置はありうる。たとえば，子どもが成年に達するまで，ポルノグラフィーを生活に取り入れないよう強制することは，現に広く行なわれている。

■参考文献
佐藤学・今井康雄編著『子どもたちの想像力を育む──アート教育の思想と実践──』（東京大学出版会，2003 年）。
西村拓生・竹井史『子どもの表現活動と保育者の役割』（明治図書，1998 年）。
K. モレンハウアー，真壁宏幹・今井康雄・野平慎二訳『子どもは美をどう経験するか──美的人間形成の根本問題──』（玉川大学出版部，2001 年）。
H. リード，宮脇理・岩崎清・直江俊雄訳『芸術による教育』（フィルムアート社，2001 年）。
Caroll, Noël, Aesthetics and the educative powers of art, in: Randall Curren ed. *A Companion to the Philosophy of Education*, Blackwell Publishers, 2003.
特定非営利活動法人シアタープランニングネットワークのホームページには，英国の学校での演劇教育の動向についての紹介がある。アドレスは次の通り。
http://www5a.biglobe.ne.jp/~tpn/

第7章

悪について
―――欲望とメディア―――

■藤田雄飛

1　はじめに

(1)　悪のイメージ

　私たちは悪を欲望している。
　こんな表現をすると，即座に批判的な意見が出されるのではないだろうか。「なんてことをいうんだ。私は人の道に反することも，法に触れることもしたことがないし，これからも決してしない。私は悪を嫌悪している」，と。あるいはまた，悪の意識がふとした瞬間に芽生えてくることに対しては認める人もいるかもしれない。「人間なんだから，いつもいい人でいられるわけがない」，とそんな彼/彼女はいうだろう。しかし続けてこうもいうはずだ。「でもそれはふっと頭をよぎるだけで，実際にはしない。少なくとも私は善悪の判断はできるのだから」，と。
　このように多くの人は，悪から距離を取りながら日々を生きている。それは法的にも道徳的にもいえることだろう。それをしたら法的に罰せられたり，人から嫌な顔をされたり，あるいは自分の良心が傷つくがゆえに，決して踏み込まない領域として，各人がそれぞれにとっての悪のイメージをもっている。そしてこのイメージがそれぞれのものであることはとても興味深い。たとえば，法に触れる行為を悪として見る者もいれば，法に触れたとしても人に迷惑が掛からなければそれを悪とは見ない者もいる。それはつまり，どこからを悪とするかという悪のイメージが，人によって異なっているということを意味しているのである。

しかしながら，私たちが一般的に思い描く悪のエッセンスを抽出するなら，バラバラだと思われた各々の悪のイメージにはひとつの共通項があることに気づくだろう。それは他でもない，暴力である。さまざまな悪のイメージは，人間が人間に対して行なう一種の侵略行為を構成要素として含みもっているのである。事実，人に対して精神的暴力や肉体的暴力を加えることをさして，私たちは悪という言葉を使っている。すなわち，悪行，悪人，邪悪という容易に暴力を連想させる言葉は，暴力と悪との結びつきを私たちに教えてくれているのである。

(2) 歴史の虚しさ

時に子どもは純粋な興味や関心から，私たち大人が考えつかないがゆえに，容易には答えることのできないような問いかけをしてくることがある。その最たるものは，人の命に関する問いかけだろう。

たとえば彼らが，「なぜ人を殺してはならないのか」と問う姿を想像してみたらどうだろう。この素朴な問いかけに対して，果たして私たち大人は，彼らにも自分たち自身にも納得のいく答えを返すことができるのだろうか。

「人には尊い生命が宿っているから殺してはならない」と口にしてみたところで，テレビのなかで日々繰り返されている殺戮の報道の数々は，すぐさまその言葉に力がないことを証明してしまう。「殺してはならない」と誰もが語り，そう思っているにもかかわらず，終わることのない悲惨な報道。子どもの問いかけに対して決まり文句のように生命の尊さを説く行為は，こうしたメディアから降り注がれる情報と突き合わせてみたときに，その説得力の乏しさを暴露してしまうのである。おそらく子どもたちはこういうだろう。「人の命が尊いのに，それならどうして殺し合いはなくならないの？」と。

それはまさに，現代という時代のひとつの特徴を映し出してもいる。すなわち，誰もが命の尊さを知りながら，多くの人びとが人間の手によって殺されている時代こそ，現代なのである。そして同時に，現代ほど「殺してはならない」という言葉が叫ばれると同時に，その重さを失ってしまった時代はないだろう。

こうした状況のなかで，子どもたちに対して人を殺してはならないことの

理由を伝える言葉が真の答えであるかどうかではなくて,「それを一生懸命伝えることこそが大事だ」と考える人は多いだろう。あるいは「「なぜ」という問いさえも無意味なほどに,ひたすら人の命は大事だと伝えることこそが道徳教育なのだ」と答える人もいるに違いない。そして何より,大人たちのこうした日々の道徳の布教活動の重要性を決して否定できないということに,私たちは確かに気づいている。

　しかし,歴史の事実と現実を前にして悪というテーマについて考えるとき,私たちは単純に「～してはならない」というだけで終わってしまうことの限界と虚しさを知る。過去数百年・数千年にわたる戦争と殺戮の歴史,いまこの瞬間も起こっているであろう殺人という現実。これらがいつでもその悲惨さを私たちの前に突き付けてきたにもかかわらず,いまなお繰り返されているという事実は,道徳が悪を制御できるということが思いこみであったということを不断に暴露し続けているように思えてならない。すなわち,人間のなかに理性や良心を育むことによって悪を打倒できるという思いが,もはや幻想に過ぎなかったのではということに,私たちはうっすらと気づき始めてしまったのである。それが虚しさ以外の何だというのか。人を殺してはならないと語ってきたことの裏側で生じていたのが,いまだ終わらぬ殺戮の歴史の更新に過ぎなかったのだから。

　だが,未来に向けて生きる私たちは,この虚しさを前にしてこれ以上立ち尽くしてしまわないためにも,まずは悪の姿を明らかにしておかなければならない。そこでは巨大な悪と,それに対して図らずも関係を取り結んでしまう私たち「普通」の人間の姿が浮き彫りにされることになるだろう。

(3) 悪の近さ

　では,私たちが悪を欲望しているという冒頭の奇妙な発言はいったい何を意味しているというのだろうか？　誰もが「悪には染まらない」とか,「悪にはなりたくない」と思うにもかかわらず,悪を欲望しているとは？　この疑問に迫るためにもまずクリアーにしなければならないことがある。それは「悪」を私たちがどのように認識しているか,ということである。

　まず,従来,道徳のなかで語られてきた悪というものは,規範からの逸脱

として位置づけられてきた。つまり，人びとが円滑に生活を送るために存在しているさまざまなルールを大きくはみ出してしまうこと，あるいはそういう人を悪として私たちは見てきた。たとえば誰かが所有している財産を自由にできるのは当人だけだというルールがあるとき，このルールを無視して，理不尽に他人の財産を奪い取ったりする人やその行為はまさに悪なのである。その財産が人の生命であるようなケースを思い浮かべれば，それが悪であることは明らかだろう。このように，これまで悪は規範やルールという枠組みを大きくはみ出してしまうこととして認識されてきた。そしてこうした規範を逸脱する者に対しては，一定の社会的・法的制裁が加えられることになるのである。

　それゆえに普通に生きている私たちは，制裁を逃れるためにも悪になってはならないと考える。そしてそれは，規範を逸脱して人に迷惑をかけるようなことはしないという行為のレベルにとどまらず，自分が悪と呼ぶ存在や行ないからは遠いところにいることの確認という認識のレベルにおいても同様だろう。私たちは悪になってはならないと思っているのである。

　しかしながら，このように私たちの誰もが悪にはならないと思っているのなら，なぜ悪はなくならないのだろうか？　すべての人が気を付ければ，それで悪はなくなるのではないのか？　しかし，悪がなくならないという現実は，こうした悪の認識が何かを見落としているということを私たちに知らせている。つまり，これまでのように悪を規範からの逸脱として単純にとらえるような見方では，現実を説明することはもはやできないのである。

　それゆえ私たちは，悪を逸脱として見たり，悪を自分からはるか離れたところにあるものとしてとらえたりする従来の認識とは違う視点から検討を始めることとする。従来の認識とは逆の視点，つまり私たちは悪から離れているのではなく，むしろ悪の近くにいるのではないのかということ，これが出発点である。それはもっといえば，私たちが悪の存在を求めているという認識に立つということに他ならない。

　そして，このように私たちが悪を欲望しているということから考えを始めることによって，逸脱を逸脱として放っておくことのないメカニズムが，悪を巡って作動していることが明らかになるはずである。つまり，悪は単なる

逸脱として排除の対象となるのではなく，悪を求める私たちの欲望によって，私たちの近くに強く引き寄せられるのである。

こうした関心ゆえに本章では，悪を嫌悪しよき行為をするということを教えるためにはどうすればよいか，という道徳教育的な技術学からは距離を取らなければならない。そしてそのはるか手前で，悪についての思索というイバラの道を歩むことになるだろう。つまり私たちは，道徳とはどのようなものかではなく，悪を巡って繰り返される道徳的な発言の数々がどのようなメカニズムによって成り立っているか，という一段深いところを掘り起こしていくのである。

それは確かに，道徳の現実的で実践的な効用という点では生産性の乏しい議論へと向かうことになるかもしれない。しかし，少なくとも自らが立っているこの足下を確認するという作業は，混沌とした時代のなかに生きる私たちにとっては，すぐにも取り組まなければならない重要な作業だろう。善のみならず悪の姿さえも時におぼろげな現代にあって，もはや私たちはおきまりの「〜すべき」や「〜してはならない」という言葉を繰り返すことでよい行ないをしたといい，そして，悪を回避できたといって満足しているわけにはいかないのである。

2 悪の時代

(1) 悪の輪郭

悪のイメージというとき，私たちはいったい何を思い出すだろうか。映画やテレビのなかのヒーローに打ち負かされる悪役，あるいは報道のなかで毎日のように登場する犯罪者。こうした人間のなかに悪の姿を見る人は多いだろう。それは先に指摘したように，暴力と結びついたものとして，悪を想定している私たちの心性をそのまま反映しているともいいかえられる。

しかしながら，私たちはより具体的で凄惨な悪の姿を知っていると，フランスの哲学者バディウは『倫理——〈悪〉の意識についての試論——』のなかで語っている。すなわち，第二次世界大戦という悲惨な時代を経てきた現代にあって，根源的な悪という観念が，私たちの道徳的な意識のなかで絶え

ず引き合いに出されてきたのだと。彼が示唆しているのは，他ならぬナチスによるホロコーストというあの悲劇である。

バディウは次のようにいう。

> ナチスによるユダヤ人絶滅が根源的な〈悪〉であるのは，それが，純粋でシンプルな〈悪〉についての唯一無二の，またその意味で超越論的な，あるいは言語では表現しえない，判断基準を私たちの時代に与えているという点においてである。[(1)]

つまり，ナチスのユダヤ人に対する大量虐殺という歴史的事実が，私たちにとっての悪そのものの象徴として取り扱われてきたと彼は語っているのである。それはまた，この絶対的な悪そのものを判断基準とすることによって，他の悪が測られてきたということも意味している。すなわち，この悪そのものと比べることによって，その他のさまざまな悪がその大小を測られてきたのが，現代の倫理という空間だったのである。

しかしながら，バディウの指摘とは裏腹に，すでにこの悪そのものによっては判断がしきれないものが登場してきているように感じられる。つまり，リアルで現実的な悪が，私たちの善と悪の境界を揺るがしてしまっているのではないのか？　ホロコーストが根源的な悪であることさえも危うくしてしまうほどに，リアリティをもって私たちに突き付けられているもの。それは，近年特にメディアを騒がせた，子どもによる犯罪である。

(2)　揺らぐ悪の輪郭

悪がそのあまりの純粋さによって私たちを混乱のなかに陥れるのは，子どもによる凶悪犯罪という出来事の最中であるだろう。そうした衝撃の事件を前にして私たちは，悪がいったい何を意味しているのかがわからなくなってしまう。

なぜなら，私たちが思い描く悪とは，「邪悪な意志によって遂行される反‐道徳的，反‐法的な行為」だからだ。しかし子どもの犯罪には，悪に不可欠な要素としてのこの「邪悪な意志」が欠けているように思われてしまう。

第7章　悪について

それゆえ，純粋な興味や欲望から生じたであろう犯罪を前にして，私たちの描いてきた悪のイメージは揺るがされ，不気味なものに対する恐怖だけが残される。
　こうして子どもの犯罪は私たちのもとに，悪の不可解さと不気味なものへの恐怖を突き付けるのである。そしてそれが普通の子どもというあまりに身近な存在から生じたものである限り，この恐怖は身体に突き付けられたナイフのような鋭さで私たちに迫ってくるといえよう。
　では，もはや訳のわからないものであると同時にすでに突き付けられてしまっている悪とその不気味さに対して，私たちは何もできずにおびえて立ちつくしているのだろうか？　いや，私たちは不気味さを回避するためにさまざまなかたちで悪の輪郭を見定めようとしていく。そしてこの活動は同時に，悪ではないものとして善を確定し，自分たちをその安らぎの場に置くために機能しているのである。
　ではこうした活動はどのように行なわれるのか。それは，私たちが日常的に触れている新聞やテレビやインターネットというメディアによってである。つまり，私たちは子どもの犯罪という認識の混乱のなかで，メディアに触れることによって，悪の輪郭を定めると同時に，それを利用して自らが善の位置にいることを確認するという試みをし続けているのである。私たちは自らのために，悪を嫌悪し，そして同時に欲望している。

3　悪とメディア

(1)　1ケースとしての酒鬼薔薇事件

　その犯行を悪と呼んでいいのかさえもわからない。しかし選別することもできないほどに理解不可能なあの事件を私たちは知っている。1997年，神戸の新興住宅地で起こった猟奇的な殺人事件は，犯人逮捕の報道の直後，その客観的な残虐性とは別種の感情によって世間を震撼させた。13歳の少年がこのような狂気に満ちた犯行に及んだという事実に誰もがついて行けなかったあの事件。後に私たちが「酒鬼薔薇事件」という名で呼ぶようになる世紀末のこの出来事は，犯行の理由が多くの人びとにとって理解できないと

いう不気味な違和感を漂わせながら明るみに出たのである。

　犯人である少年の逮捕の報道以降，すべてのメディアは多くの時間を費やしてこの事件の真相に迫ろうとしていった。テレビと新聞はいち早く事件の詳細を報道し，小説は事件を起こした少年の内面へと入っていった。またインターネットは主観的意見や客観的情報をごちゃ混ぜにしながら，事件の解釈を増殖させていった。こうしたメディアの活動のなかで共有されていたものは，この残虐な犯行が起こってしまった原因をどこかに探そうという意識に他ならない。そしてそれは，起こってしまった悪の姿を確定し，理解不可能だったその悪を理解可能なものに何とか変えようとする取り組みとして位置づけることができる。ここではじめて，悪と私たちの欲望との結びつきが浮き彫りにされることになるだろう。まずはこの取り組みを，それぞれのメディアの機能とともに見ていくこととする。

(2)　境界線を引くメディア
　まず，情報を伝えてくれるメディアとして私たちの頭のなかに思い浮かぶのは，テレビと新聞だろう。一見，ニュートラルな立場から情報を発信するだけのように思われるこれらのメディアは，果たして悪とどのようにかかわっているのだろうか。
　スイッチを付けるだけで様々な情報を手に入れることのできるテレビというメディアは，私たちの生活にはもはや欠かすことのできないものとなっている。その手軽さもさることながら，このメディアの強みは起こった出来事をすぐに伝えることができるという速報性にある。また，新聞という古くから存在するメディアも，多くの人が毎日のように手に取るという点で，私たちの生活に不可欠なものである。速報性という点ではテレビに取って代わられた新聞ではあるが，歴史的に見てもそのメディアとしての重要性は非常に高いものがあるだろう。
　このようなメディアのなかでもテレビには，見逃すことのできない一つの特徴がある。それは，見る側と情報との関係である。確かに私たちは情報を受け取る側にいるのだが，それと同時に，知りたい情報というものがあるという意味では欲望の主体でもある。そして，経済原理の渦中にあるテレビは，

視聴者である私たちの欲望を無視することができない。すなわち，知りたいという視聴者の欲望が，直接・間接に報道の内容に影響を与えているという意味で，テレビとは私たちの欲望と密接にリンクしたメディアなのである。

では，おぼろげな悪を前にしたときの私たちの欲望とはどのようなものなのか。それは端的に表現すれば，悪の姿を確定する情報への欲望であり，自らが善の位置にいるという確認への欲望である。自分が悪ではないがゆえに善であるということを確認するためには，悪の内実を明らかにする情報が必要なのである。この視聴者の欲望に，テレビというメディアは応答する。つまり，メディアは犯罪の異常性や邪悪さを示すことで悪の姿を定め，見る側はそうした異常な行為を自分たちはしないがゆえに「悪ではない」ということを確認する。それはメディアと視聴者との間に結ばれた，悪をめぐる契約関係なのである。

このように，見る側の欲望とリンクしたテレビは，悪を確定する作業を繰り返すという意味で，善と悪の境界線を引き続けるメディアだといえよう。そして今日もまた，犯罪を報道するメディアとそれを嬉々として見続ける視聴者による契約が，テレビの前で結ばれていくのである。

(3) 意味を消し去るメディア

こうしたなか，近年その勢力範囲を急速に拡大してきたインターネットという新たなメディアは，情報の速報性という利点を旧来の２大メディアであるテレビと新聞と共有しながらも，いくつかの点ですでに両者をしのぐ勢いをもっている。まず指摘できるのは，インターネットにおける，情報へのアクセスの能動性であろう。旧来のメディアであるテレビと新聞を見る者は，与えられた情報を受け取るということに終始するが，インターネットのユーザーは検索をすることによって知りたい情報へと主体的にアクセスしていくことが可能になった。知りたい情報にいつでもアクセスできるというこのメディアの利便性は，そのまま私たちと情報との距離をいままで以上に近いものにしたことを意味してもいる。

さらに，任意の個人が自由にその場に参入し情報を発信することができるというインターネットの空間の当事者性は，テレビと新聞とは異なった「情

報を巡る人間関係」を作り出している。そこでは真偽を問うことのないまま，情報を交換することだけが快楽であるような場さえ存在している。つまり，報道のプロではないごくありふれた人びとが，あの犯行について自由に語り合う場がネット空間のなかに登場したのである。

　しかしながら，情報への能動的アクセスと発信の当事者性というインターネットの利点は同時に，情報そのものの意味を消し去ってしまう事態へと向かう危険性をつねに有してもいる。なぜなら，誰もが自由に情報を発信し交換するという状況は，情報そのものの真偽を問うことなく進行していくからである。そこでは嘘か真実かはもはや重要ではなく，情報の交換だけに価値があり，それだけが喜びとなっていく。

　こうして新しいメディアの登場によって情報交換という快楽を経験してしまった私たちは，悪を巡るさまざまな情報へと簡単に接近し，自ら発信者となりながら，同時に個々の情報の真偽を相対化してしまったのである。それが真実であるかデタラメであるかはもはや問題ではなく，情報交換の快楽のなかで一貫性に乏しい解釈だけがあちこちで増殖する。

　こうしたインターネットの特徴は，次のことを意味する。犯罪の核心を剥き出しの欲望で語っていくインターネットは，少年が犯行に至る過程で何を感じていたか，何を考えていたかという悪へと至る核心的な部分，すなわち悪の内実を明らかにしえない。なぜならここでは私たちが知りたいと望む犯行の主観的な側面がいかようにも語られるがゆえに，もはや何の意味ももたないという状況が出現してしまったからである。それゆえこのメディアの内部においては，この犯行もまた情報交換の快楽のための題材でしかなかったのである。

　その一方で，テレビや新聞というメディアが展開する情報の放出もまた，決してあの犯行のすべてを語り尽くすことができない。なぜなら，客観的な情報の提供を第一義とするこれらのメディアは，犯行の主観的な側面については踏み込むことが原理的にも，倫理的にもできないのだから。善と悪の境界線を引くこのメディアは，理解不可能な側面については口をつぐむほかないのである。

　だが，こうした理解不可能なものを理解可能なものへと変えたいという私

たちが共通して抱いていた欲望は，数年の時を経てより具体的に少年Aに迫ろうという志向のもとで物語へと結晶化していった。すなわち，「酒鬼薔薇事件」をテーマとする小説の登場である。

(4) 二つの物語

まず，この事件をルポの対象としてではなく，まさに当事者の視点から描くという物語の特権性をフルに活用したものとして，石田衣良の『うつくしい子ども』と，桜井亜美の『14』をあげることが出来る。この２作品は，単に「酒鬼薔薇事件」を題材にしたものであるという以上に，あるライトモチーフを共有しているという点に注目しなければならない。すなわち，酒鬼薔薇聖斗という少年の心の闇に迫ろうという志向である。

ただし，石田衣良と桜井亜美という二人の作者による物語は，その構成上，興味深い違いをもっている。まず石田は，罪を犯した少年の兄と彼を見守る記者の目を通して事件そのものに迫っていく。この作品の特徴はあくまで事件に対する間接的な語りにこだわった点にあり，それによって作者による一方的な内面の解釈という側面は巧妙に回避されているのだが，主人公の少年が語る「なぜ弟があんなことをやったのか，その理由を探そう」という決意は，そのまま読者の欲望となって物語全体にささやかなリアリティを付与し続けていく。そこでは犯人との血のつながりという強固な連帯性に支えられながら，罪を犯した弟の不可解さをどうにか消し去ろうという試みが展開されているのである。

一方，桜井は「酒鬼薔薇事件」を，犯人の少年の一人称の語りによって描いていく。おそらく多くの読者が感じるであろう不快感や不気味さを見透かすように続けられる理解不可能なタームや行動の数々は，不気味さをそのまま直接的に取り上げようとする作者の野心的な試みの現われとしてとらえることが出来るだろう。

こうして不気味なものによる不安感を打ち消したいという人びとの欲望によって待ちわびられていた「酒鬼薔薇事件」を巡る物語は，二人の小説家によって世に送り出されたのである。

(5) 悪を引き寄せるメディア

　では，この悪かどうかさえもよくわからない事件に対して，物語というアプローチはどのような意味をもち得たのだろうか。
　そもそも私たちにとって，理解を越えてしまったものをそのままに放っておくということは，その対象に対する恐怖を無限大に増幅させかねない。それゆえ私たちは恐怖を避けるために，この事件の動機や原因という理解できない部分をどうにか理解できるものに変えたいと意識的にあるいは無意識的に考えている。このような理解不可能な出来事の異常性を飼い慣らし，手が届くものにするために絶好のメディアが物語なのである。精神科医の斎藤環も，理解不可能な出来事と物語について次のように語っている。

　　理解不可能なものを前にして，学問による解釈が機能不全に陥ったとき，われわれはどうするのか。そう，「物語」の機能を要請するのである。もともと物語とは，リアルでしかも説明不可能な事態を消化してくれる機能を持っている(5)。

　しかし理解不可能なものの物語化による理解は，それだけで終わらない。
　むしろ物語は，境界線のはるか向こう側にいる理解不可能な出来事をどうにか説明することで，その姿を確定し，こちら側へと引き寄せてくる。つまりテレビというメディアは善と悪の境界線を引き，悪を遠くへと追いやることに貢献したが，物語はそのように悪を悪としてひたすら排除の対象にしていくのではなく，むしろ私たちの理解可能な範囲内に引き寄せ，位置づけるのである。そしてこの悪の定位によって，私たちは自らが悪の思考をもたないがゆえに悪でないということを強固に確認し，広い意味での善の位置にあるということを確認できるようになる。この意味で，物語は私たちの理解の外部に飛び出してしまった悪しき出来事を，悪として理解の内部に「回収するメディア」なのである。
　このように，私たちは自らが善であるために悪の存在を必要とし，欲望している。そして物語だけが，不気味な事件を理解可能な形で私たちのもとに悪として引き寄せ，私たちの欲望に応えたのである。

しかしながら，悪が確定されると同時にそこから善が演繹され，さらに理解というかたちで善のすぐ傍らに悪が位置づけられるこのメカニズムは，なにも倫理や道徳に限ったものではない。むしろあらゆる領域にこのメカニズムを見い出すことが可能である。むすびである次章では抽象度を少しだけ上げながら，その機微を見ることとする。

4　むすび

(1)　人間学機械

かつてフーコーという思想家が一連の著作のなかで語ったのは，境界線を引くという私たちのこの目に見えない運動が，はるか以前から繰り返されていたという事実だった。たとえば彼は，近代以降の社会が「正常－異常」の対立軸を利用することによって，「正常性」（normalité）というものをつくり上げてきた様を描き出している(6)。それは，17世紀以降，感化院や救貧院などに「非理性的な存在」としての「狂人」を監禁することで外部としての「異常」が造り上げられ，そこから逆照射された「正常」が「法的な主体」と同一視されながら操作概念として生み出されたという歴史である。またこのことは，外部（狂気）を排除することによって内部（正常）がつくり上げられかつ強化されることとして，近代のあらゆる科学や思想が拠り所とする「人間」という概念が，その背後で，「非人間」という概念を前提としながら構築されてきたということを意味しているといえる。この意味では，テレビや新聞が担っていたのは，この広い意味での「人間」と「非人間」の境界線を引く運動の役割の一部ということになる。つまり，善と悪の境界線を引くという運動は，「人間」と「非人間」の境界線を引くという運動のなかのひとつのバリエーションなのである。

では物語が担った外部すなわち悪を引き寄せるメディアについてはどうだろうか。これについてはフーコーの理論を引き継ぐイタリアの政治哲学者アガンベンが，「動物と人間の境界線をめぐるポリティクス」として語っている図式が参考になるだろう。彼は著作『ラベルト』において，正常－異常の対立軸を動物－人間の対立軸へと拡張し，その対立軸のメカニズムを分析し

て次のように語っている。

> 人間学機械（machine anthropologique）が，人間/動物，人間/非人間の対立を通して人間なるものの生産に関わっているのである限り，この機械は必然的に（同時にそして常にすでに捕獲であるところの）排除と（同時にそして常にすでに排除であるところの）包含によって機能する。……
>
> 　近代の人間学機械について取り上げてみよう。すでに見たように，（いまだ）人間ではないものとして，すでに人間であるものを排除しながら，つまり人間を動物化（animaliser）しながら，人間の中で非人間すなわち〈ホモ・アラルス（homo alalus 語らざる人間）〉や人間－猿を孤立させながら，この機械は機能する。[7]

　すなわち，ここでは内部と外部を分けるということがそれだけで終わるのではなくて，「外部」という名を与えられて再び内部へと回収される点が強調されている。つまり外部は一旦は外に出され，それから内へと引き寄せられるのである。それはさながら，物語というメディアが，悪を理解するというかたちでそれを私たちの側に引き寄せるということと同じ運動なのである。
　こうした視点を経由して「酒鬼薔薇事件」へ立ち戻るとき私たちがそこに見るのは，少年Aを外部として排除しながらも内部へと回収を試みる，メディアの複合体による報道と狂気の物語化のメカニズムに他ならない。すなわち，新聞とテレビというポピュラーなメディアは，視聴者が自分たちとは異なると思われる狂気を外部に排除することで自らの正常さを確認するために機能し，物語はその狂気を理解することによって再び内部（すなわち「人間」）へと包含することで悪への恐怖が無際限に拡大してしまうことを回避するために機能していたのである。
　こうして，動物（外部・狂気・異常・悪）と人間（内部・理性・正常・善）の境界線こそ，「酒鬼薔薇事件」をめぐるメディアの動きが意識的あるいは無意識的に前提とした枠組みだったことが明らかになる。

第7章　悪について　　113

(2) 新たな道徳

　以上のようにして，私たちとメディアは，悪をめぐって見えない契約関係を結んでいる。よくわからない悪を悪として遠くに追いやり，その一方で悪の内実を理解することで再び近くへと引き寄せるメディアの機能。そして自分が悪ではなく善であるということを確認したいという欲望に突き動かされて，メディアへとかかわっていく私たち。善でありたいという欲望が，私たちとメディアの強い結びつきを可能にし，そして悪の排除と包含を可能にしていたのである。それはまた，悪を規範や秩序からの逸脱として，外部に排除するという考え方だけでは，悪に対する認識がもはや不十分なものとなってしまう地点まで私たちが来てしまっているということを示してもいる。むしろ私たちは，自らのために悪の存在を求めていたのである。

　おそらく悪が逸脱としてのみとらえられていた時代なら，「～してはならない」という発言は虚しさを伴うこともなく，人びとに受け入れられていたのだろう。しかし，私たちは，もはや悪が単なる逸脱・排除ではなくて，私たちの周辺に引き寄せられているということまで認識の網を広げてきた。そして，「悪いことはしない」という言葉の裏側に，自分が善であることを確認しようとして悪を求めている自分がいる。つまり，悪に対して「～してはならない」ということの虚しさは，自分自身が悪を嫌悪していると同時に欲望しているという，この自己矛盾から来るのである。なぜなら，悪が消滅することをこの欲望が阻んでしまうということに，私たちはどこかで気づきはじめているのだから。もはや素朴に「～してはならない」，あるいは善として生きろということほど無責任な発言はないのである。そしてもはや，悪の存在は私たちがこの人間学機械の作動するただなかにいる限り消滅することはないだろう。つまり，理性と非理性を分け，正気と狂気を分け，人間と動物を分け，善と悪を分ける思考の枠内にいる限り，悪は消えないのである。

　そして21世紀という時代に生きる私たちは，正義を巡る世界の勢力図がまさに善と悪を分離させるこの思考方式によって組み上げられていることに気づくだろう。テロを悪として攻撃する大国は，そのような悪に対峙する自らを善あるいは正義と呼ぶ。それは悪を名ざしして確定することで，自らの正義としての存在意義を確定しようとする運動に他ならない。またこの運動

は同時に，正義のもとに人びとを集結させる力をもつものでもある。そして正義のもとに人びとを惹きつけ続けるためには，逆説的にも，対立するための悪が必要なのである。つまり正義は正義であるために，悪を欲望している。

　敵対するものを悪として断定することで自らが正義の側にいることを確定し，そして正義であり続けるために悪を必要としてしまうという連鎖がここにはある。こうした状況のなかでは，決して悪はなくならないどころか，正義と悪の距離はますます近づいてくるだろう。なぜなら，悪とは正義が欲望し，作り出しているものなのだから。そしてこの連鎖の悲しさは，「普通の人」が知らず知らずのうちに荷担しているということにある。自らが悪を作り出しているなどと気づくことのないまま，彼らは悪を引き寄せ，その身を危険にさらしていくのである。

　しかし，善と悪の分離のメカニズムに気づいた私たちは，もはやこの悲しき連鎖に取り込まれてよしとしているわけにはいかない。むしろ，この連鎖を断ち切るために，自分が正義の化身などではなく，悪を欲望してしまうような危うい存在であるということを認識することから始めなければならないだろう。つまり，私たち自身が悪を欲望しているという事実から，新たな道徳は始められなければならないのである。

(1)　A. バディウ，長原豊・松本潤一郎訳『倫理──〈悪〉の意識についての試論──』（河出書房，2004年）106-7頁。
(2)　石田衣良『うつくしい子ども』（文藝春秋，1999年）。桜井亜美『14』（幻冬舎，1999年）。
(3)　石田，114頁。
(4)　酒鬼薔薇事件をテーマとした小説は当然この2作品だけというわけではない。たとえば重松清の『エイジ』はニュータウンで起こった中学生による連続通り魔事件とその後を，同級生という視点から描いている。重松清『エイジ』（新潮文庫，2004年）。また，「酒鬼薔薇事件」を直接的には扱ってはいないながらも，舞城王太郎の『煙か土か食い物』とその続編の『暗闇の中で子供』は，青年が絶対者の活動をバーチャルに造り上げ，それを模倣することによって殺人を犯していくというモチーフを，「酒鬼薔薇事件」から抽出している。舞城王太郎『煙か土か食い物』（講談社，2001年）および『暗闇の中で子供』（講談社，2001年）。
(5)　斎藤環『心理学化する社会』（PHP研究所，2003年）139-140頁。

(6) M. フーコー，田村俶訳『狂気の歴史——古典主義時代における——』（新潮社，1975年）。神谷美恵子訳『臨床医学の誕生』（みすず書房，1969年）。渡辺一民・佐々木明訳『言葉と物』（新潮社，1974年）。

(7) Agamben, G., *L'aperto －l'uomo e l'animale*, bollati boringhieri, 2002. traduit par Gayroud, J., *L'ouvert －de l'homme et de l'animal*, Bibliothéque Rivages, 2002, pp. 59-60.

第 8 章
情報社会の倫理

■谷村千絵

　現代社会は，情報社会，もしくは高度情報通信社会と呼ばれている。本章では，情報社会に特有の，倫理や道徳の問題を考えてみたい。

　日本では，2000 年ごろから IT という言葉が流行した。IT とはインフォメーション・テクノロジー（Information Technology）の略，すなわち，情報技術のことである（詳しくは情報通信技術といわれることもある）。たとえば，「IT 革命」とは，社会において情報技術が次々とデジタル技術に置き換えられていく現象をとらえた言葉であった。

　そのころはインターネットが家庭に浸透しはじめた時期でもあったが，デジタル技術にインターネットといえば，コンピューターである。情報化＝コンピューターというイメージは，かなり強い。それゆえに，情報社会の倫理，という本章のタイトルをみて，いわゆる「IT 革命」以後の，コンピューター，あるいはインターネットに関連する内容を推測する人も多いだろう。たしかに，情報社会の倫理や道徳は，もはやコンピューターやインターネットを無視しては語れない状況にある。しかし，このような状況になるまでの歴史的背景や，あるいはコンピューターには直接関係のない領域にも，重要な要素がたくさんある。本稿では，それらも考察の対象に入れて，述べていくことにする。

1　梅棹忠夫が予言した情報社会

(1)　情報社会とは

　さて，耳慣れた言葉であるが，情報社会とはあらためて何であろうか。情

報社会という言葉は，ITという言葉が流布するよりもずっと前，1960年代に，日本人が当時の日本社会を表現した言葉から生まれたものであった。1960年代といえば，戦後の復興が高度経済成長に転じていく時代であるが，情報社会という言葉が生まれる契機となった梅棹忠夫の「情報産業論」（1962）では，当時の日本社会について，かつて農業社会であったものが工業社会へ，そして情報産業社会へと変容している途上にあるとして，文明史的な考察がなされている。梅棹忠夫が注目していたのは，戦後の民間放送，すなわちマス・メディアの成長と発展であった。彼はその発展を，農業や工業とは全く異なる新しい産業，「なんらかの情報を組織的に提供する産業」，すなわち「情報産業」の誕生ととらえていた。梅棹は，農業や工業など労働によって生み出された物質が商品となる「実業」に比べて，あたかも「情報を空に放つ」ことで成り立つ「放送産業」を「虚業」と呼んでいる。実体としてのモノがないのに商品価値だけはやりとりされるという情報をめぐる経済活動を，新しい画期的なこととして，梅棹は「数学における虚数の発見と似て，独自性をもつもの」と論じたのであった。

　梅棹の論で興味深いことは，「情報産業」として放送産業だけを論じるのではなく，「虚業」という着想を，すでに日本社会に定着していた他の職業にも当てはめ，実業という枠組みでは明確にとらえることができなかった面を「情報」を売る産業としてとらえ直した点である。梅棹によれば，テレビやラジオ，新聞のみならず，出版業，旅行案内，興信所や競馬の予想屋などは，なんらかの信頼性があるものとして「情報」を売っているのであり，映画や芝居，見世物など，その価値判断が観客の主観的感情に委ねられるものもまた「情報」である（それゆえ情報産業では，情報を与える前にお金をとる）。さらにいえば，時代を遡って吟遊詩人や陰陽師，あるいは占星術者なども一種の情報屋であると考えることができるし，宗教や教育制度は，より組織的に人々に情報を与えるものと考えて情報産業の先駆者だということになる。このように，梅棹は，放送産業の発展をうけて「虚業」という見方を明確にしたのであるが，それだけではなく，この見方によって人間社会を「情報」という新たな視点から分析してみせたのであった。

　梅棹がこのような議論を展開した後に，日本社会は，コンピューターの飛

躍的な発展をうけてより一般的に情報社会と呼ばれ,パソコンや携帯電話,インターネットの浸透とともに,高度情報通信社会という呼び方もされるようになった。しかしながら,「情報」とは,厳密にいえばIT革命によって生まれたものでも,また,梅棹が論じた1960年代に生まれたものでもない。「情報」はいつの世にもあったにもかかわらず,マス・メディアの発達やITの技術的進歩によってそのあり方が大きく変化し,あらためてその存在が注目されたものなのである。情報社会とは,情報のあり方が社会を動かすことが事実として明らかになり,そのことを多くの人々が自覚するようになった社会である,ということができるだろう。

(2) 梅棹が前提としていた情報産業の倫理・道徳

ところで,梅棹は,日本社会において,携帯電話やインターネットが普及することを予測していなかったが,情報産業が主要な地位を占めることになることは予見し,それにふさわしい経済学の構想を提示した。彼は,「虚業」である情報産業においては,モノの価値を基準とする工業社会とは根本的に異なる経済の仕組みがありうるはずだ,という見解から,情報産業における商品の価値決定を「お布施の原理」として考察したのである。その当否はともかく,これは,情報社会の倫理や道徳を考えるうえで示唆的な考察なので,ここで紹介してみたい。

梅棹は,文筆家の原稿料や放送局の電波料など,情報産業における価値決定の構造を「お布施の原理」によってとらえようとした。寺と檀家の間で交わされるお布施の金額には絶対的な基準があるわけではなく,また,高ければよいというものでもない。それは,お坊さんの格(もしくは寺の格)と檀家の格とに見合う額があるのだという。その額は寺と檀家の双方の社会的な位置を表明しており,どちらにとっても分不相応でなく,相互に承認しあえるものがちょうどよいお布施なのである。このように,寺が檀家を一方的に評価して決めるものでも,また檀家が自己満足的に喜捨して決めるものでもない経済のシステムを,梅棹は「お布施の原理」と呼んだ。そして,原稿料や電波料など,情報産業の経済にも,この「お布施の原理」があてはまると考えた。

たとえば，原稿料の場合，原稿用紙100枚で幾らという一律の価値基準があるのではなく，出版社と作者とのそれぞれの格に応じて，あるいは電波料の場合には，放送局とスポンサーとのそれぞれの格づけのバランスにおいて決められる。梅棹は，こうしたバランスに，新しい情報産業社会の社会的・公共的価格決定原理をみたのである。

　梅棹が「お布施の原理」の拠り所としているのは，格である。格とは，寺なら寺の組織，檀家ならば地域社会，出版社なら出版業界，文筆家には作家の世界の，それぞれの小社会における社会的序列のなかの位置である。それは，規模，歴史，知名度，客層など様々な社会的要素によって決められるものであるだろう。その小社会に属する構成員は格の序列を認め，お互いに格に見合った行為をすることが道徳的に求められる。格を尊重することは，法律に定められていることではないが，個人の習慣や美意識，道徳性に基づいて，日常的に行なわれる必要がある。そして，格の高いものほど，その小社会での権力や支配力をもつと同時に，倫理的な姿勢が期待され，それに応える責任を負わなければならない。

　梅棹の提唱する「お布施の原理」は，このような格を相互に尊重し合う，道徳的で倫理的な姿勢が社会に浸透していることが一つの条件となっている。さらに，梅棹は，職業倫理の問題については，「神聖化」された情報を大衆に伝達してきたのが宗教であるとし，また，情報伝達を担ってきた教師という職業は「聖職」であるともいっている。それゆえ，彼は，情報産業社会における放送人は，新しい情報の提供者としては，「現代の聖職者」とならなければならない，とも論じるのである。つまり，情報産業社会において，情報の発信者になるには，僧侶や教師と同じく社会的に高い格の意識と職業的倫理観が必要であると説いているのである。

(3) 消費社会と技術革新

　以上のように，梅棹は，当時の道徳意識や美意識，職業的倫理観に依拠する形で情報産業社会を構想した。そして，梅棹がこのように情報産業社会の到来について論じたときから，現在（2004年）までのたった40年余りの間に，日本社会は大きく変化した。高度情報通信社会となった現在，日本社会

では情報の経済的価値が格の相互承認によって決定されているだろうか？あるいは，情報の発信者は，「現代の聖職者」になりえているだろうか？どちらもそうなっていない，というのが現状であろう。具体的に考えてみよう。その大きな理由は二つあると考えられる。

　一つは，1960年代以降の高度経済成長とバブル期に見られる大衆消費社会の到来である。企業は，歴史や知名度がなくても売り上げさえ伸びれば事業を拡大できた。また，人々も，格にこだわらず，お金さえだせば誰でも欲しいものを手に入れることができるようになった。国民はみな「消費者」となり，格は複雑な要素の絡み合った社会的な相互承認によってではなく，売れるか売れないかという絶対的な基準で決まるようになった。人々の道徳意識や美意識，企業の職業倫理などは，商品を売るための「企業イメージ」として利用されることはあっても，それ自体が独自の意義をもつことは少なくなったといえよう。「売れるか，売れないか」というシンプルな基準があるかぎり，社会的相互承認という迂遠な手続きは不必要である。

　もう一つの理由は，技術の急激な発展と進歩である。パソコンやインターネットの技術発展と人々の生活への浸透は，情報のあり方に大きな変化をもたらした。テレビやラジオ，新聞などのマス・メディアは，情報の送り手が社会的に認知されていて，一点から大衆に向けてシャワーのように情報が送られる。これに対して，インターネットのウェブ（蜘蛛の巣）には中心がなく，利用者の誰もが，情報発信することができる。「情報」は聖職者や教師のように特殊な職業に委託して伝授されるものではなくなり，簡便な技術を利用することで，「聖職」としての責任感を負わずとも個人的見解として誰もが情報発信することができるようになった。情報通信技術の発達は，情報発信と，かつてはそれに付随していた職業的倫理観とを分離したといえるだろう。その結果，インターネットでは，信頼性の低い情報も倫理的に問題があると思われる情報も，無規制に流出している。

　このように，梅棹が1960年代に予測した展望とは異なり，今日の情報社会では，消費という生活スタイルと情報通信技術によって経済システムが機能している。そのなかで，たしかに，梅棹が前提とした格の文化は衰退し，格という文化を支えてきた人々の道徳観念や職業的倫理観は形骸化したよう

に見える。しかしながら，一方で，情報技術の発展によってもたらされた人々の新しい生活には，新しい倫理や道徳が生まれはじめているともいえるのではないだろうか。次節では，それらについて詳しく見ていこう。

2 新しい情報技術と新しい道徳的・倫理的態度

(1) コピー技術と著作権

　情報技術が飛躍的に発展し，それらが私たちの日常生活に浸透したことで，生活スタイルにはさまざまな変化が生じている。たとえば，音楽について考えてみよう。レコードやテープといったアナログ・メディアの時代から，半永久的な音質が保証されるCDやMDのデジタル・メディアを経て，最近では自宅のパソコンでCDをコピーすることや，あるいはインターネットから音楽そのものをダウンロードすることも簡単になっている。音楽が演奏（放送）される場で聴くものだった時代と比べるなら，これは驚くべき変化である。レコードやテープのアナログの時代には，音楽は「録音」し，「再生」することができた。しかし，それらが使用頻度や経過年数による劣化を避けられなかったのに対して，半永久的に音質が保証されるCDや，CDと同じ音質で，しかも書き換え可能なメディアであるMDの登場は画期的であった。そして，今や，MD専用の機器さえ必要なく，コンピューターとインターネットを使えば好きな音楽を自在にコピーすることが可能になったのである。

　音楽だけではない。インターネット上に公開されるその他の情報（画像やテキスト）のほとんどがコピー可能である。今日の技術は，本物との質的な差がほとんどない精度の高いコピーを可能にしている。しかし，それは一方で，私的な利用のため以外のコピーを規制する必要を生み出してもいる。そして，放送事業や印刷出版などの職業に就く人々だけではなく，一般の人々も日常生活において著作権という概念を理解すること，そして著作権法という法律を守る態度を身につける必要がでてきたのである。

　このように，新しい情報技術が私たちの日常生活に変化をもたらし，従来には必要とされていなかった道徳的・倫理的態度の養成を促している例とし

て，他には，電子メールの普及も挙げることができよう。電子メールは，電話のように相手の時間を拘束しないこと，手紙を書くときとは異なってメッセージを手軽に瞬時に送れることから，たいへん便利である。しかし，対面でないため相手の表情が見えず，電話のように相手の声色が伝わることもなく，また，手紙のように時間をかけて（頭を冷やして）返信するという「間」もないために，ちょっとした感情の行き違いが短時間で増幅されてしまうということもある。携帯メール，文字チャット，電子掲示板など文字だけのメッセージのやりとりは今や一般的になったが，こうしたツールの利用者たちは，画面上の文字だけの情報ではメッセージが誤って伝わりやすいことを，体験とともに学んできたといえよう。同時に，大容量の情報送信が迷惑になることや，ウィルスに注意する必要があること，インターネットに個人情報を書かないことなども，新しい技術を実際に使うなかで認知され，広まってきた道徳的・倫理的な態度であるといえるだろう。

(2) 新しい技術と情報化の影

さて，インターネットという新しい技術は，性や暴力に関する過激なサイトや，人権を侵害する情報の提供がなされるサイトなどに対しても，誰にでもアクセスを可能にしている。また，インターネットの問題だけではなく，消費社会の到来によって「売れる」ことを目的としたマス・メディアのあり方が「やらせ」問題をひき起こしたり，あるいは人権侵害につながる報道がなされたりするなど情報にかかわるさまざまな倫理的問題も多い。こうした情報社会の「影」の部分は，今日では，社会的に広く認知されるようになっている。そして，報道された情報をそのまま信じるのではなく批判的に検討する「クリティカル・シンキング」や，メディアに振り回されるのではなくその特性を理解して主体的に利用する「メディア・リテラシー」などの能力を育成する必要性が指摘され始めている。テレビや新聞の報道することを事実として素朴に受け取るのではなく，その背後にある政治的文脈や経済的文脈を理解し，主体的に物事を判断する態度は，20年前にはあまり重きを置かれていなかった態度であろう。

新しい技術に関連する「影」の一例として，携帯電話のアドレスではなく

電話番号そのものに短いメールを送ることができるショートメッセージ・メールを利用した犯罪を挙げることもできよう。この技術が一般に広まると同時に，最近ではこれを利用した詐欺や恐喝が多発しているという。多くの場合，アダルト・サイトの広告メールがショートメッセージ・メールで送られてくる。番号だけでメールが届くため，不特定多数の利用者へのメール送信がたやすいのである。これらのサイトには，アクセスしただけで不正な料金が要求される場合があり，利用者がサイトにアクセスすると電話番号が相手に通知され，利用者の携帯に，直接，恐喝電話がかかってくることもあるという。出会い系サイトと性犯罪の問題でもいえることだが，携帯電話は，パソコンに比べて一段と私的なツールであり，第三者が介入する機会が少ない。ショートメッセージ・メールを利用した手口に関しては，とりわけ若年層に被害が多発しているというが，こうした状況に対応するには，消費者生活センターなどで新しい犯罪の手口に関する情報収集を行なうことや，一人で判断するのではなく親や家族，友人などに相談するという態度が望まれる。そして，犯罪は非日常の世界にあるものではなく，携帯電話という身近で便利なツールがその窓口になってもいるという，自警の態度が必要となっているのである。

3　子どもへの教育

(1) 情報モラル

今後，こうした情報技術の利用者となり，情報社会を生きていく子どもたちに対して，メディア・リテラシーなどの育成とともに，著作権法や文字コミュニケーションの特性について教える必要性や，情報社会の「影」の犠牲にならないような対策をとる必要が指摘され，実践されてきている。たとえば，「情報モラル」という言葉を耳にしたことがあるだろうか。インターネットの検索エンジンに「情報モラル」を入れてみると，膨大な数のサイトにヒットする（2004年現在）。なかでも目立つのは，「情報モラルの教育」のための教材コンテンツだ。たとえば，「インターネットの掲示板に自宅の住所と電話番号を書き込んだら，知らない人から電話がきたり怪しい人物が自

宅を訪ねてきた」というようなことが，ロールプレイングで疑似体験できるソフトがあったり，著作権についてわかりやすく説明するページがあったりする。(1)

　検索エンジンでヒット数が多いということは，ネット社会でこの言葉が注目されているということを端的に示しているが，「情報モラル」に限っていえば，人々が自然発生的にこの言葉に関心を示しているということだけではなく，その背景にある文脈も考慮する必要がある。「情報モラル」という言葉は，学校教育における情報教育の目的を示す文言として，文部科学省の学習指導要領に明記されている。「情報モラル」を教育するための教材が数多く開発されているのは，学習指導要領に従って学校現場ですぐ使えるものが求められているからでもあろう。

　文部科学省は情報教育の目標を，おおまかに①情報活用の実践力，②情報の科学的な理解，③情報社会に参画する態度の3つに分けており，「情報モラル」は，主に③情報社会に参画する態度に関わるものであるとされている。たとえば，高等学校の新教科「情報」の学習指導要領のなかでは，「情報モラル」は「情報社会で適正な活動を行なうための基になる考え方と態度」ととらえられている。それは「情報化の「影」の部分についての正しい理解と対処法を身につけること」としても必要性が明示されているものなのであるが，「情報モラルの育成とは，何々をしてはいけないというような対処的なルールを身につけるだけではなく，それらのルールの意味を正しく理解し，新たな場面でも正しい行動がとれるような考え方と態度を育てること」であるという。(2)

　ここで，日本の学校教育に情報教育が取り入れられたことについて，若干説明しよう。1970年代に本格的に到来したとされる情報社会のなか，1985年臨時教育審議会第二次答申で「情報教育」という言葉が用いられて以来，学校教育において児童・生徒に情報社会を生きるスキルを教える必要性が指摘されてきた。学校業務をコンピューターで処理する，いわゆる「教育の情報化」も進み，現在ではほとんどの学校にパソコンがありインターネットにも接続されるようになっている。こうした環境設備が整えられる一方で，具体的なカリキュラムとしても，2002年度から実施された中学校学習指導要

領で，中学校の技術・家庭科の技術分野内容Bとして必修「情報とコンピューター」が盛り込まれ，2003年度から実施された高等学校学習指導要領においては教科「情報」が必修科目として新設された。また，2002年から導入された「総合的な学習の時間」に取り上げうるテーマの一つに「情報」が挙げられている。このように，情報教育は，学校教育における今日的課題として重きを置かれており，「情報モラル」はそのうちの重要な要素だということができるだろう。

ところで，「情報モラル」の他に，「ネチケット」や「情報倫理」という言葉もある。これらみな，一見して意味するところが似ているように思われるが，同じなのだろうか。順番に見ていきたい。

(2) **ネチケット**

「ネチケット」とは，この言葉が「ネット社会におけるエチケット」を短くいい換えた造語であることからわかるように，インターネットを利用する際に求められるエチケット，すなわち，他人の誹謗中傷を書かない，個人情報を流出させないなどの基本的な礼儀作法である。たとえば，筆者の勤務する大学では，情報処理センターのネットワーク利用に際して，以下のようなガイドラインが用意されている。まず，インターネットにも接続可能な学内ネットワークの特性として次の5項目が挙げられている。

- 驚異的なスピードで情報が拡がる。
- 一端公開された情報の訂正は困難である。
- 信頼できない情報も多く公開されている。
- 相手を特定することは難しい。
- 文字によるコミュニケーションが主体となるため，相手に自分の意図が伝わらない場合がある。
  （冊子『ネチケット Network Etiquette――ネットワーク利用ガイドライン――』
  （鳴門教育大学　情報処理センター）より）

4番目に「相手を特定することは難しい」とある。インターネットは匿名

性のメディアであると理解されることも多いが，厳密には匿名性が高いだけで，完全に匿名なのではない．たしかに，利用者としては，ネットワークの他の参加者について個人情報を把握することは容易ではないが，プロバイダーや学内ネットワークの管理者は，個々の利用者を特定する情報を管理している．インターネットは完全な匿名メディアではない，ということも知っておく必要があるだろう．

さて，続いて，ネットワーク利用に際しての自己責任として，以下の4領域17項目が挙げられている．

- アカウントの管理
  - パスワードをメモしない
  - 簡単なパスワードを使わない
  - 他人にパスワードを教えない
  - ログインしたまま端末を放置しない
- ウィルス対策
  - 定期的にOSやアプリケーションのアップデートを行なう
  - 不審なメールやホームページは開かない
  - ウィルス対策ソフトウェアを導入する
  - 知らないうちに感染している場合があるため，データの受け渡しに注意する
- 個人情報漏洩対策
  - むやみに個人情報を入力しない
  - ホームページを公開する場合には個人情報の取扱について十分留意する
  - ファイルのアクセス権の設定を適切に行い，他人に読まれないようにする
  - メールの宛先を確認する
- ファイルやメールの整理
  - 不要なファイルやメールは削除する
  - 大きなファイルを添付して送らない

・チェーンメールを送らない
・無駄な印刷をしない
・両面印刷や縮小印刷を活用する
(冊子『ネチケット Network Etiquette──ネットワーク利用ガイドライン──』(鳴門教育大学　情報処理センター) より)

　これらの項目を見ると，パスワードの管理をきちんと行なうことや，ウィルスに対する理解と対応が求められること，個人情報の流出や情報量の大きさへの配慮など，自他の両方がトラブルにまきこまれないための対策が示されている。「ファイルやメールの整理」については，学内ネットワーク上に保存されるデータ量全体のことを考慮する必要があることや，印刷にはコストがかかることなど，コンピューターやネットワークが必ずしも万能ではないことを示すとともに，使用環境における基本的な配慮を明示している。また，より日常的な態度では，コンピューター室の利用に関して，コンピューターは精密機器であるため塵やゴミをもち込まないこと(窓は開けない，飲食をしない)，起動時に機械の温度があがることから夏場に室温が高いままにしないことなどが要求される。これらは，コンピューターの機械としての仕組みを理解し，利用者全体で共有するという意識をともなって，マナーとして守られるものであるだろう。
　このように，ネチケットとは，コンピューターやネットワーク利用に関するマナーのことである。これからの情報社会において，これらの基本的な事項を理解し，マナーを身につけることは不可欠であり，学校教育における情報モラルの育成に関しては，こうした子どもの生活にもかかわりのある具体的で日常的なネットワーク利用に対する態度育成が求められるだろう。しかしながら，情報社会とは，コンピューターとインターネットだけで構成されているのではない。梅棹が論じたテレビやラジオなどマス・メディアのあり方を含めて，社会のより広範な領域での「情報」の扱われ方に対応していくことも考えなければならないだろう。そうした大きな問題群は，次の「情報倫理」の問題として提示することができるものである。

(3) 情報倫理

「情報倫理」は，言葉としては新しく，最近になっていわれはじめたものである。「生命倫理」や「環境倫理」と同じく「情報倫理」もまた，新しい技術に伴って生じた社会的な状況を問題とする特徴があるといえよう。そうした意味では，一つの正解がない複雑な問題でもあり，日々，新しい状況に対応せざるをえないという側面もあって，厳密な領域が定義されているものではない。本稿では，たとえばどのような問題が考えられるのか，簡単にではあるが，挙げてみたい。

① コンピューターやインターネットの利用・管理に関する著作権法や個人情報保護にかかわる問題
② インフォームド・コンセントや内部告発など，情報開示と人権にかかわる問題
③ 「脳死」や「出生前診断」のように，新しい医療技術によって得られる情報にかかわる問題
④ 報道と人権の問題
⑤ 情報の電子化とプライバシー保護の問題

①については，コンピューター倫理学という言葉もある。先に挙げたネチケットも含まれるが，より専門的な事項として，フリーソフトに関する問題や不法アクセスの問題などが挙げられよう。

②のインフォームド・コンセントとは，新聞やニュースで知っている人も多いと思われるが，医療の領域で，患者が自分の病気や治療に関する十分な情報を得て，治療方法を選択する権利のことである。また，内部告発は，企業など組織内の不正行為を，内部の者が外部に告発することである。これらは，領域は異なっているものの，従来は専門家や組織に占有されがちであった情報をより公正な場に開示するという点が共通している。しかしながら，たとえば，ガン告知を望まない人もいるように，インフォームド・コンセントに関しては情報の開示・非開示のコントロール権も患者がもっているということや，内部告発には組織の権利と個人の保護とに関する複雑な問題があ

ることも考えなければならない。情報開示がそのまま倫理的行為であるというように，単純に理解をすることはできないだろう。

③も医療の領域に関する問題であるが，人間の死を定義したり，出生を判断したりするという意味で，②とは区別して考えることができるものである。脳が死んでいても人工呼吸器があることによって体は生き続ける「脳死」という状態，出産前に胎児の病気や障がいについて検査をすることができる「出生前診断」は，どちらも，本人や家族ではなく医師が医療技術を駆使して患者の体に関する情報を入手し，判断を下すものである。「脳死」に関しては，それが臓器移植の可能性へと結びついている点で問題が孕まれる可能性があるし，「出生前診断」に関しては，それが障がい者に対する人権侵害にあたるのかどうかなど，社会的な問題に直面せざるをえない難しさがある。

④は，たとえば「松本サリン事件」のような報道の問題である。この事件では，実際は被害者であった人物が被疑者として実名で報道されたことから，犯人が特定されるまで，多くの被害を被ったとされている。また近年では，このようなマスコミの報道問題に加えて，インターネットで，犯罪に関係する人物の写真や個人情報がたやすく流出することなどが問題になっている。

⑤は，国民総番号制や医療情報の電子化など，個人のプライバシーにかかわる情報を電子化して管理することについての問題である。電子化は，便利な側面もあると同時に，管理統制や漏洩への懸念も指摘されており，今後の動向が注目される領域である。

①から⑤までを簡単に見てきたが，このように「情報倫理」とは，社会の様々な面において「情報」のあり方が私たちの行動や生き方，生死に影響を与えていることを自覚し，そのなかでよりよい社会や生活を考えていく営みだということができるだろう。

(4) おわりに

印刷機の発明から人々が出版物に日常的に触れるようになるまで，あるいはラジオやテレビが発明されてから人々の生活に定着するまでには百年単位の，あるいは何十年ものゆっくりとした時間がかかっていたのに対して，今日の技術革新はめまぐるしく，人々の生活への浸透も早い。ポケット・ベル

のように，携帯電話の登場とともにあっという間に廃れたものもある。情報通信技術は日々，発展・変化しているが，技術によって変化する日常生活のなかで，他者に迷惑がかからないかどうかを想像し，自分が被害に遭わないかどうかを日々，検討することが私たちには求められているのである。そうした態度が，他者への道徳的・倫理的な配慮として社会のなかで文化という形をもつには，時間がかかるだろう。その困難さを引き受け，情報社会のシステムを理解してメディアに主体的にかかわり，人間社会にとっての「よさ」を考える努力を続けていくことが必要なのではないだろうか。

(1) 情報モラルに関する教材コンテンツについては，たとえば以下のようなサイトがある。
    文部科学省"情報モラル授業"サポートセンター（http://sweb.nctd.go.jp/support/index.html）。
    独立行政法人教員研修センター（http://sweb.nctd.go.jp/kyouzai_new/index.htm）。
    Eスクエア・プロジェクト（http://www.cec.or.jp/net-walk/）。
(2) 文部省『高等学校学習指導要領解説　情報編』（開隆堂出版株式会社，2000年）81‒82頁。

■ **参考文献**
梅棹忠夫「情報産業論」（1962）『情報の文明学』〈中公文庫〉（中央公論新社，1999年）。
水越伸『新版　デジタル・メディア社会』（岩波書店，2002年）。
水谷雅彦・越智貢・土屋俊編著『情報倫理の構築』（新世社，2003年）。
水谷雅彦『情報の倫理学』〈現代社会の倫理を考える15〉（丸善，2003年）。

第 9 章
応用倫理
――生命・環境――

■丸田　健

1　はじめに

　人間は，関係性の中で生きている。人間はとりわけ社会的動物であり，家庭，学校，職場，地域といった様々な場所での，様々な人間関係の中で生きている。他の人間とのかかわりの中でよりよく生きるには，人はどんな徳性を身に付けるべきか，またどんな義務を負うべきか，といったことは，従来の道徳の問題だった。しかし近年，従来の道徳的問題には収まらない，新たな関係性の問題が問われるようになってきている。新しい問題が加わった理由は一つには，技術――特に医療技術――の発展によって新たな人間のあり方が可能になったからである。またそれとは別に，動物愛護の精神や環境破壊などを通し，人間以外の対象とのかかわりもクローズアップされるようになったからである。これらの問題の多くは議論が現在も進行中であり，今後社会がそれらにどう対処していくことになるか，必ずしも見通しが見えていない。だからこそ，未来の社会を作る一人として，われわれはこのような問題について，考える必要がある。

　本章では，人間の生命の新たな側面にどうかかわっていくべきか，人間以外の動物とはどうかかわっていくべきか，自然環境とはどうかかわっていくべきか，という問題を今後考えていくための足がかりとなるよう，生命倫理・環境倫理の諸問題から 4 つを選び，以下の各節で紹介する。

2 新しい死とのかかわり

(1) 脳死とは何か

　人の生死を見分ける目印として常識的に思い浮かぶのは、息があるか否か、心臓が動いているか否か、だろう。医療現場でも、この常識と合致する基準を使って死が判定されてきた。医者が死の判定基準として用いてきたのは、「死の三徴候」と呼ばれるもので、それらは①呼吸停止、②心拍停止、それに③瞳孔散大である。これらの徴候を満たすと、人は死んでいると見なされる。ここで言う死は「心臓死」と呼ばれるものだが、心臓死によって心肺機能が停止すると、脳にも血液が送られなくなり、脳もまもなく死んでしまう。

　だが、頭部外傷や脳溢血により脳が損傷を受けることで、心肺機能より先に、脳が機能を停止することがある。この場合、脳からの指令が途絶えるので、心臓や肺が働かなくなり、ほどなく心臓死になる。ところが20世紀に発明された人工呼吸器を用いて生命維持措置を施すと、脳が働きを止めた後も、人工的に心臓や肺をしばらく働かせ続けることができる。この状態が、脳は死んでいるが身体の残りは生きているという「脳死」の状態である。

　一言で「脳が死んでいる」と言うものの、人の脳は、大脳、小脳、脳幹の3つの部分から成っている。大脳は思考や知覚や感情を、小脳は姿勢や平衡感覚を、脳幹は呼吸や心拍などの基本的生命維持を、統御している。脳死とは、これら3つの部分全てが機能を停止してしまい、決して回復しない状態である。（ちなみに脳死状態と植物状態は、まったく違う。植物状態では脳幹が生きているので、患者は自力で生命維持ができる。）

　脳が死んでいるかどうかは、頭を開いて調べるわけにはいかない。そこで、以下の判定基準を使って、脳死は判定されている。①深い昏睡状態にあること、②瞳孔が開いて固定していること、③刺激しても脳幹の反射がないこと、④脳波が平坦なこと、⑤自発的な呼吸がないこと。これらの条件をすべて満たした上で、一定時間経過後、再び同じ検査をして結果が変わらない場合にはじめて、脳の全機能が停止しているはずだと見なされ、脳死判定が下るのである。

(2) 脳死と臓器移植

　脳死をめぐっては，様々な議論がされてきたし，今も続いている。脳死が議論の対象になる理由は，それが臓器移植と不可分の関係にあるからだ。心臓，肝臓，腎臓，肺などの臓器に重い障がいがあり，臓器移植を受けないかぎり，状態が改善しない人々，助からない人々が多くいる。心臓や肝臓の場合は特に，身体が生きている人から摘出された新鮮な臓器でないと，移植には適さない。しかし誰がそのような心臓を提供してくれるのか。まさか，健康な人から生きている心臓を取り出すわけにはいかない。そこで，脳死患者からなら心臓をはじめとする臓器を取ってもいいのでないか，という考えが出てきた。問題は，本当にそれが許されるかどうか，である。

　脳死という現象は，1950 年代の人工呼吸器の発明に伴い登場したのだが，はじめは「不可逆的昏睡」「過度昏睡」などと呼ばれ，死んだ状態とは見なされていなかった。生者に分類されている人から心臓を取り出せば，殺人になってしまう。それは許されることではない。しかし不可逆的昏睡に陥った患者は，意識を永久に失うのだから，人としては死んでしまったと考えればいいのでないか。そうすれば，罪に問われることなくその患者から心臓やその他の臓器を取り出せることになり，移植に有効利用できるでないか。──このような意見が登場し，それが受け入れられた。生きていることを暗示する「不可逆的昏睡」といった名は捨てられ，「脳死」と改名された。そして 1980 年代が終わるまでには，世界の多くの国で，脳死は単なる脳の死にとどまらず，人そのものの死だと考えられるようになり，脳死患者からの臓器摘出が実施されるに至った。日本でも 1997 年，「臓器の移植に関する法律」が制定され，本人と家族の同意がある場合は，脳死状態の人は死んでいると見なされ，臓器移植のための臓器摘出が可能になった。

(3) 脳死は本当に人の死か

　「脳死状態＝人の死」と見なすこと，脳死患者から臓器を摘出すること，については，異論が唱えられてこなかったわけではない。かつて昏睡状態と呼ばれていたように，脳死状態には何より，基本的な生命機能が残っている。人工呼吸器の助けがあるからとはいえ，脳死患者は実際に呼吸しており，心

臓も動いている。身体は温かく血色もよい。涙も流せば汗も流す。排泄もあれば爪も毛も伸びる。それどころか，脳死状態で子どもを出産した女性の報告例もある。新たな命を育める人を「死人」と呼んでよいのか。

「ラザロ徴候」と呼ばれる現象も，多く報告されている。ラザロは，死後，イエスに蘇生された人間として聖書に登場する人物で，「ラザロ徴候」とは，脳死した人がまるで生き返ったかのように見せる，四肢の複雑な運動である。これは脳でなく脊髄の反射に過ぎないと説明されているが，単なる脊髄の反射では説明できない複雑なメカニズムが関与しているのでないかとする意見もある。

また，脳死患者からの臓器移植推進の理由の一つとして，いったん脳死状態に陥れば，人工呼吸器をつけても，数日後には（長い場合は10日から14日で）心臓死に至る，というものがあった。この認識に基づいて，「脳死すれば，すぐに心臓も止まるのだから，臓器摘出するほうが命が無駄にならない」と論じられてきた。しかし1990年代後半には，脳死判定から心臓停止までの期間を調べた論文がアメリカで発表され，心臓が数か月以上動き続ける例は稀でないことが明らかにされた。また幼少時に脳死状態に陥った男性がその後19年経過しても未だ生き続けており，僅かながらの「意志」表示さえあるという例も報告されている。

脳死現象が以上のような生の複雑な諸様相を見せることを踏まえるなら，脳死患者を死者と捉えて果たしてよいのか，あらためて問う意義・必要があるかもしれない。

(4) 家族の問題

特に「脳死は人の死か」の問題は，脳死患者の家族にとって切実である。この問題を考えるとき，家族と脳死患者の間の親密な，特殊な関係を無視できない。脳死は交通事故や脳出血によって起こるもので，多くの場合，前触れなしにやって来る。突然脳死になった身内が，臓器提供したいという意思を表示していると分かったとき，残された家族はどう対処すればよいのだろう。上でも触れたが，日本の現行の法律では，脳死判定が実施され臓器が摘出されるには，本人の意思表示に加え，（家族がいれば）家族の同意も必要

である。家族へのこのような配慮は，法律にあって然るべきだろう。しかし脳死という悲報から来る動揺に加え，まだ身体も温かい身内から臓器を取り出すことに同意するか否かを決めることは，家族にとって大きな苦痛だと思われる。本人の意思を尊重し，「臓器だけでも生き残るなら」と，同意する家族もいるかもしれない。しかし後から冷静になって振り返って，「あのときはまだ生きているようだったのに……」と罪悪感を感じることはないだろうか。あるいは逆に，同意を拒む家族もいるかもしれない。しかし後から振り返って，「最後の希望を尊重してあげるべきだったのでは……」と後悔することはないだろうか。

ジャーナリストの柳田邦男は，息子の脳死という辛い体験を通し，家族の脳死に直面したときの葛藤を語っている。引用したい。

> ［臓器移植に望みを託している］人々と家族とを救うことができるなら，臓器摘出に道を開くために，脳死を人の死として認めるのもやむをえないのではないか，と私は考えていたのだ。……ところが，自分の息子が脳死に陥り，その状態の変化を，毎日毎日見つめるうちに，脳死とは一体何なのか，ほんとうに脳死をもってその人を死んだとしてよいのかと，わからなくなってしまったのだ。……毎日，私が会いに行き，「おい，洋次郎」と声をかけると，血圧も心拍数も上昇する。看護婦が「あら，上がった」と驚く（立花隆氏も，脳死取材の過程で同じような症状を示した脳死患者を何例も聞いるといっている）。顔も胸も血色がよく，あたたかい湿り気がある。この身体にメスを入れて，心臓を取り出すことなど，私にはとてもできないと思ったとたんに，脳死をわかったつもりでいたそれまでの私の考えがぐらついてしまったのだ（柳田, 232-4頁）。
>
> おそらく喜びや悲しみを共有してきた家族でなければわからない感覚だろう。科学的に脳死の人はもはや感覚も意識もない死者なのだと説明されても，精神的な命を共有してきた家族にとっては，脳死に陥った愛する者の肉体は，そんな単純なものではないのだということを，私は強烈に感じたのだった（柳田, 141-2頁）。

柳田も言うように,死とは通常,プロセスである。脳死の場合,人工呼吸器をつけていても,身体に浮腫や壊死が起こり,いずれは心臓も止まり,臓器や組織が死んでゆく——という一連の過程がある。ふつう家族は,死のプロセスを,死に行く人と共にたどることで,身内の死を受け入れていく。しかし脳死の場合,臓器提供に同意するということは,死のプロセスの最初の段階で,身内の死を認めることであり,それに伴う精神的負担が相当なものになりうることは,容易に想像できる。この負担を軽減するため,家族同士ふだんから話し合い,互いの意思を確認しておくことはできよう。しかしそのような話し合いを有意義にするためにも,脳死は本当に人の死なのかという大問題について,われわれは各自,考えを整理しておく必要があろう。

3　新しい生とのかかわり

(1)　代理出産とは何か

　子が授からず悩んでいる不妊の夫婦が多くいる。正確な統計はないが,カップルのおよそ一割が不妊だと推定されている。そして不妊夫婦の多くが,不妊治療を受診している。不妊治療の方法は,不妊の原因によって異なるが,通常は,妊娠しやすい日を指示するタイミング指導や,排卵誘発剤の併用に始まり,人工授精や体外受精といった段階へ進んでいく。人工授精とは,採取した精子を人工的に子宮へ注入して卵子と結合させることで,性交によらない妊娠を可能にする。(方法としては,夫の精子を用いる人工授精が一般的だが,夫の精子が使えない場合の選択肢として,他人の精子を用いる人工授精もある。日本では,後者の方法による出産の報告が,1949年以来,累計1万例以上ある。)他方,体外受精とは,採取した精子と卵子を試験管の中で受精させ,受精卵を子宮に移植して育てる方法である。これも性交を必要としない。体外受精で生まれた子は,かつて「試験管ベビー」と騒がれたが,現在,国内で年間1万人以上が,この方法で生まれている。

　さて,このような不妊治療は,代理出産の可能性を生み出した。代理出産とは,何らかの障がいで夫婦の妻が妊娠・出産できない場合に,第三者の女性が代わりに妊娠・出産し,生まれた子を依頼者夫婦が引き取って育てる,

というものだ。様々なパターンがありうるが，主なのは以下の2種類である。

① 依頼者夫婦の夫の精子を，第三者の女性に注入して人工授精させ，妊娠・出産してもらう方法。生まれる子と，依頼者の妻との間には，遺伝的関係がない。
② 依頼者夫婦が，自分たちの卵子・精子を体外受精させ，受精卵を第三者女性に移植して，妊娠・出産してもらう方法。生まれる子と，依頼者夫婦両方との間に，遺伝的関係がある。

(2) ベビーM事件

代理出産を認めるべきか否かは，難しい問題である。問題を考える材料として，世界的に有名になったある事件を見ておきたい。

これは1985年，アメリカでの話である。ニュージャージー州に住むウィリアム・スターンは生化学者，妻エリザベスは小児科医で，二人は経済的には安定した生活を送っていた。しかし妻が多発性硬化症の診断を受けたため，妊娠した場合のリスクを考え，自分たちの子どもを作ることを断念した。代わりに夫妻はニューヨーク州の不妊センターに出かけ，メリー・ベス・ホワイトヘッドと，1万ドルの報償金を伴う代理母契約を結んだ。メリー・ベスの夫リチャードは清掃を生業にしており，夫妻は裕福ではなかった。ホワイトヘッド夫人は，スターン氏の精子を用いた人工授精で妊娠。1986年に女児を出産した。

ところがホワイトヘッド夫人は，自分が生んだ子を抱いて胸が一杯になり，この子を渡すことはできない，自分で育てよう，と決心し，報酬の受け取りも拒んだ。そして女児を「サラ・エリザベス・ホワイトヘッド」と名付け，出生登録した。他方スターン夫妻は，女児を「メリッサ・エリザベス・スターン」と名付けていた。スターン夫婦は，赤ん坊を引き取ろうとしたが，ホワイトヘッド夫人が応じなかったため，契約を根拠に，子どもの引き渡しを求めて裁判を起こした。裁判では女児は「ベビーM」と呼ばれることになった。

1987 年，州の下級裁判所で一審判決が出た。内容は，代理母契約は有効であり，養育権はスターン夫妻にある，とするものだった。ホワイトヘッド夫人には訪問権すら与えられなかった。判決を不服としたホワイトヘッド夫人は，控訴した。1988 年，州の最高裁判所は，代理母契約を無効とする判決を出した。金銭的報酬を伴う点が，乳児売買を禁じる州法に違反すると判断されたからだ。判決は，精子提供者で遺伝上の父であるスターン氏が父親，生みの親で遺伝上の母でもあるホワイトヘッド夫人が母親だとした。しかし二人は共同でベビー M を養育できないため，子どもの利益を考え，スターン夫妻が養育権を得ることとなった。ホワイトヘッド夫人には訪問権が与えられた。
　ホワイトヘッド夫人はその後離婚し，別の男性と再婚したが，「赤ちゃんを生んで，胸に抱いてみるまで，本当のところは分からないのです」と，代理出産に反対する発言をしている。代理母に大きな精神的・肉体的負担をかける代理出産は，道徳的に許されるのか。ベビー M 事件は，このような問題を提起したはじめてのものだった。

(3) 国内の動向

　日本には 2004 年 9 月現在，代理出産に関する法的規制はない。ただ日本産科婦人科学会は，体外受精についての会告の中で，代理出産を間接的に禁じてきた。最近，国は，代理出産を罰則つきで法制化する方向で動き始めている。2003 年 4 月には，厚生労働省の生殖補助医療部会が，代理出産を禁止するとした最終報告書をまとめた。これを基にした法案が出される予定である（この法案の国会提出は 2004 年は見送られたため，当初予定より遅れている）。また法務省は，出産者を母とする規定を，法律で明文化する方針である。こういった動きと連動し，2003 年 4 月には日本産科婦人科学会も，代理出産を直接的に禁じる会告を新たに示した。禁止理由は以下の通りである。

① 子どもの観点：代理出産は，胎内での養育を通して育まれる「母と子の絆」を顧みず，子の福祉に反する。また引き渡しをめぐってトラブルに

なれば，子どもの人格形成に悪影響を及ぼす。
② 代理母の観点：代理出産は，妊娠・出産に伴う身体的・精神的負担を第三者に負わせる。さらに代理出産は，本人の同意があろうと，代理母に予期せぬ苦痛をもたらしかねない。
③ 家族という観点：出産した女性がその子の母であることは広く認められているので，代理出産は家族関係を複雑にし，混乱をもたらす。
④ 社会的受容の観点：有償の代理出産は母体の商品化に直結するし，無償の場合でも，母体を隷属状態に置くので，社会的に許容しがたい。

　国内では代理出産が望めないため，日本人夫婦の中には，代理出産が商業化しているアメリカや韓国に出かける人もいる。この場合，現地では実子として出生届が出せるので，帰国しても戸籍上，実子になる。しかし予め代理出産と分かっている場合には，出生届が受理されないことがある。タレントの向井亜紀氏のケースがそれである。
　日本産科婦人科学会の方針に反して，国内で代理出産が行なわれたケースも，これまで2件ある。2つとも，長野の諏訪マタニティクリニックの根津八紘院長の下で実施された。一件目は，2001年5月に報道されたもので，姉妹間で行なわれた代理出産である。姉が病気で子宮を摘出し，子どもが生めなくなり苦しんでいた。見かねた妹が代理出産を申し出，姉夫婦の体外受精卵を妹に移植し，2001年春に子が無事に生まれた。二件目は，2003年3月に報道されたもので，妻は初出産時に，出血が止まらず死産し，子宮摘出を受けた。この場合は，夫婦の体外受精卵を，夫の養姉に移植し，2002年に子が無事に生まれた。現行法律上，こうして生まれた子は，いったん生みの母の実子として出生届が出された後，遺伝上の両親に養子縁組される。
　不妊者側からは，代理出産を肯定する強い声がある。長野のクリニックの二件目の夫婦は，次のメッセージを含む手記を公表した。「国内で禁止しても，海外では可能であり，その恩恵を受けられ得るのは一部富裕層だけにかぎられます」「机上の理論だけでなく，不妊症に苦しむ人間の生の声をきいていただきたいと思います」。

4　動物とのかかわり

(1)　生命の尊重

　命は尊いものだから，動物であれ虫であれ，分け隔てなく慈しまねばならない——という考えは，誰もが聞き覚えがある。この考えは，『学習指導要領』(平成10年)にも見つかる。『指導要領』は道徳教育の内容を4つに大別しているが，3つめは，動植物の命の尊さに関するものだ。これについての学年・学校別の目標に大差はなく，例えば小学校第一・第二学年では，「身近な自然に親しみ，動植物に優しい心で接する」，「生きることを喜び，生命を大切にする心をもつ」となっている。

　生命がこのように重んじられる一方，われわれ人間は常に優しい心で，命あるものに接しているわけではない。人間は，同じ人間相手には絶対にしないだろう行為を動物に対しては行なっている。殺して食べる，実験台にする，檻に閉じ込めて見せ物にする，などである。なぜこのような行為が通用しているかというと，おそらくそれは，われわれがこのような行為について立ち止まって考えることがないからである。しかし考えずに済ませているのは結局，それら動物が人間でないからだろう。あるいは彼らが人間でないため，理性の能力といったものを持っていないからだろう。しかし人間でないから命を利用してもよいとなると，「命は分け隔てなく尊い」という考えはどこへ行ってしまうのか。以下ではまず菜食主義の主張を聞くことを通して，動物の命について考える手掛かりとしたい。

(2)　動物への思いやりと菜食主義

　日本で最も有名な菜食主義者はおそらく宮沢賢治だが，彼にはどんな考えがあったのかを，「ビジテリアン大祭」から拾い出してみる。この話は，菜食主義者の世界会合に，畜産組合の技師らが闖入して互いに議論をする，という筋立てである。菜食主義にも様々な動機・方法があるが，登場人物の口を介し，宮沢は自分の菜食主義思想を述べている。

あらゆる動物はみな生命を惜しむこと，われわれと少しも変わりはない，それを一人が生きるために，ほかの動物の命を奪って食べる，それも一日に一つどころではなく百や千のこともある，これを何とも思わないでいるのは全くわれわれの考えが足らないので，よくよく食べられる方になって考えて見ると，とてもかあいそうでそんなことはできない，とこういう思想であります。
　……小さな小さなことまで，一々吟味してたいへんな手数をしたり，ほかの人にまで迷惑をかけたり，そんなにまでしなくてもいい，もしたくさんのいのちのために，どうしても一つのいのちが入用なときは，しかたないから泣きながらでも食べていい，そのかわりもしその一人が自分になった場合でもあえて避けないとこういうのです。

　ここでは宮沢の考えの背景を子細に検討できないが，動物の立場を思い遣る思想は，西洋にもある。代表的なのは「功利主義」と関連深い思想である。功利主義は，イギリスのベンサムやミルといった人々が推進した立場であり，道徳において最も重要なのは幸福だと主張する。われわれが道徳的に為すべきことは，世界の中に，できるだけ多くの幸福を生み出すこと，またできるだけ多くの不幸を取り除くこと，にほかならない。
　だが，幸福や不幸は人間の専有物ではない。理性があるかどうかはさておき，感覚があるものとして，多くの動物は，快不快，幸不幸を感じられる。このことから，動物も道徳的配慮の対象に加わってくるのである。ベンサムは，動物の権利を主張する有名な一節で，こう書いている。

　専制の手によってしか奪われなかったはずの諸権利を，人間以外の動物たちが獲得する日が来るかもしれない。フランス人たちは，一人の人間を，肌が黒いことを理由に，その人を救おうともせず，抑圧者の気まぐれのままに苦めてはならないことに，既に気付いていた。感覚がある生き物を，そんな目に合わせる理由としては，足の数，体毛の多少，尻尾などは，どれも等しく不十分だと認められる日がいつか来るかもしれない。越えるべきでない一線は，他にどこに引けるだろうか。理性の能力

か，あるいは，話す能力か？……しかし，［馬や犬などの］動物にこうした能力がなくとも，それに何の意味があるのか。問題は，彼らに理性はあるか，彼らは話せるか，ではない。彼らは苦痛を感じられるか，だ（Bentham, ch. 17, 傍線部引用者）。

　快苦の感覚を有することを理由に動物の権利を主張する立場はもちろん，人間と動物を全く平等と見なして，動物にも学習権や投票権を認めよ，などと要求するのではない。動物と人間は，多くの点でもちろん違う（動物たちの中にも，違いがある）。しかし苦しみを嫌がるという点では，多くの動物は人間と平等であり，その点においては，動物も人間同様，十分な配慮を受ける権利が確かにある，と言うのである。

　ベンサムらの功利主義の考えを引き継いで，現代において動物の権利や福祉を積極的に主張している一人に，オーストラリア出身の哲学者ピーター・シンガーがいる。彼によれば，人間でないから，あるいは人間には備わる能力を欠くから，という理由で，他の動物へ苦しみを与えることが容認されるなら，それは一種の差別である。彼は「種差別」（speciesism）という語を使う。自分とは違う人種を差別することを「人種差別」，自分と違う性別を差別することを「性差別」，と言うように，自分と違う種を差別することは「種差別」なのである。こうした見解の下，家畜が置かれた状況を憂え，シンガーもまた，菜食主義を主張する。

(3) 菜食主義は不自然か

　われわれの多くは普段，何の反省もなく肉食をしているし，またそれを楽しんでいる。おそらく多くの人の心の中で，快も苦もある動物と食卓の料理は結び付いていない。それゆえ，動物が可哀想だから菜食せよ，と言われても，困惑するだろう。そして少し考えた上でなら，菜食主義は不自然な考えだ，と反論したくなろう。自然界では，動物は互いに食べたり食べられたりして生きている。人間は，肉を消化吸収できる構造をもった動物なのだから，肉を食べるようにできている。なのに人間だけ肉を食べてはいけないというのは，自然の摂理に反するのでないか，と。このような疑問に対し，菜食主

義の立場からは，どう答えられるか。菜食主義からの反論を見てみたい。

① 〈自然だからよい，とは限らない〉
　「ビジテリアン大祭」には，菜食主義者から以下のような反論がある。「自然だからそのとおりでいいということはよく言いますが，これは実はいいことも悪いこともあります。たとえば我々は畑をつくります。そしてある目的の作物を育てるのでありますが，この際いちばん自然なことは畑いっぱい草がはえて作物が負けてしまうことです。これはいちばん自然です。……また人間には盗むというような考えがあります。これはきわめて自然のことであります。そんならそのままでいいではないか。とこうなります」。この反論が言わんとするのは，たとえ自然が肉食向きの身体を人間に与えたからといって，肉食がよいとは限らない，むしろ肉食は動物に苦しみを与えるのだから，避けたほうがよい，ということである。

　人間は実際，肉なしに生きられる。菜食の実践者は昔からいた。ピタゴラスがそうだったし，ソクラテスやプラトンもそうだった（らしい）。ダ・ヴィンチも，トルストイも，ガンジーも菜食主義者だった。陸上選手のカール・ルイスは最も厳格な部類の菜食をして，オリンピックで金メダルをとっている。肉は必需品ではない。人間は肉を食べなくとも健康に暮らせるだけでなく，自分の精神的・肉体的才能も十分に発揮できるのである。

② 〈現代の肉食は，自然からほど遠い〉
　自然状態，あるいはそれに近い状態では，人間が生きるために動物を殺すこともあれば，動物が生きるために人間を殺すこともある。そこには互いが生きるための，命のやりとりがある。宮沢賢治は「なめとこ山の熊」で，そのような世界を描いたと思われる。この話では，熊を哀れみながら，生活のために熊を殺す猟師が，最後には熊に殺され，今度は熊が猟師を弔うのである。殺すか殺されるかという平等の立場にあるとき，自分の命を惜しむことを通して，相手の命への理解が生じる。そしてそこに，人間だけでなく，動物の命の尊厳が生じる余地がある。

　しかし特に現代の，産業化された食肉生産において，動物の命の尊厳につ

いて語ることは難しい。家畜には全うできる天寿などなく，ただ人間の生の手段として管理・生産され，やがて「つぶされ」，「解体」されるからである。「ビジテリアン大祭」にはこんな描写がある。「鶏では強制肥育ということをやる。鶏の咽喉にゴム管をあてて食物をぐんぐん押しこんでやる。ふだんの五倍も十倍も押し込む，それでちゃんと太るのです，おもしろいくらい太るのです。……また家畜を去勢します。すなわち生殖に対する焦燥や何かのために費やされる勢力を保存するようにします。さあ家畜は太りますよ，全く動物は一つの器械で……太らせるには食べさせる。卵をとるにはつるませる，乳汁をとるには子を近くに置いて子に呑まさせないようにする」。菜食主義の観点からすると，自然から離れているのは菜食主義でなく，命ある動物たちに対する現代人の接し方である。

家畜への配慮不足については，実際さまざまな指摘がある。広い場所で動物たちがゆったり暮らしているという牧場のイメージは古いもので，多くの家畜生産は，効率性のため狭い場所で大量に集約的に，工場生産的に行なわれる。鶏などでは，養鶏場一戸あたり 2, 3 万羽の鶏を飼育しており，鶏は太陽の目を見ることなく，一つのケージに何羽もすし詰め状態で入れられている。鶏は羽も伸ばせず，高密度飼いのストレスから，放置すれば弱い鶏を順番に容赦なく突き殺してしまう。突き行動による生産減少を避けるため，嘴を焼き切ること（断嘴，デビーキング）が行なわれている。このデビーキング自体，かなりの痛みを伴うもので，大きなストレスを与えているとされる。

豚の場合，ストレスは，尾食いという行動になって現われる。攻撃された豚は，尾を食いちぎられ，さらに奥の肉も食われ，殺されることもある。これを避けるため，豚は生後まもなく尾を切断する。鋭い歯も 8 本同時に切断する。また性行動によって他の豚を傷付けたり，性的成長に伴う肉質低下を防ぐため，雄豚は陰嚢を切り開いて精巣を除去することも行なわれる。あるいは自由に行動できないようストールという枠に押し込められて飼育されることもある。

工場畜産における，動物の福祉を無視した人間のこの種の行動については，シンガーを始めとする動物の権利の擁護者が子細に報告している。動物保護

団体からの抗議もあり，家畜への待遇には改善も見られるようだが，生命の尊厳より，利益を生むための効率性が優先されがちなことは変わりがない。特に日本は，ヨーロッパに比べ，生産者の意識においても，消費者の意識においても，家畜の福祉への関心が希薄だと言われる。肉食の食生活を改めるには大きな決断がいるだろう。だが人間と家畜動物（ひいては動物一般）との関係はどうあるのが望ましいのか——考えるべき点は，大いにあると思われる。

5 環境とのかかわり

(1) われわれと環境

われわれ人間は，われわれを取巻く自然環境に依存しつつ生きている。人間は，大きく二つの仕方で環境に依存している。①まずわれわれは，環境から様々な天然資源を得ている。明かりを灯すのにも，物を運ぶのにも，エネルギーが要るが，世界で使われているエネルギーは，電気も含め，ほとんどが化石燃料から得られている。住む家を建てたり，本や新聞を作るには，森林から木を切り出さねばならない。日本人が大量に消費する魚介類は，海洋から得られる天然資源である，などなど。②加えてわれわれは，日々の活動の結果生じる排出物を環境に放出している。それは産業廃棄物であったり，生活排水であったり，家庭ゴミであったり，二酸化炭素であったり，様々である。放出された廃棄物はどうなってきたかというと，例えば川について「三尺流れれば水清し」と言ったように，環境には本来，自然浄化能力があり，われわれが放出したものを希釈したり，分解したりしてくれてきたのである。

さて，現在世界の総人口は60億人を超えているが，20世紀に入ってからの人間の総数の増加は，すさまじい。国連の推計によれば，20世紀の初めには，世界人口は16億人だった。それが1975年には40億人になり，2000年には60億人を超えた。増加の勢いはピーク時より低くなっているものの，人口自体は今後も増え続ける。予測では，2025年には80億人近くに，2045年には90億人を超えるとされる。人口増加，また技術発展に伴い，資源の

消費量，および消費の結果の廃棄物の量も，飛躍的に伸びていることは言うまでもない。

われわれは，われわれを取巻く環境に依存して生きている。しかし人間が環境に依存できる程度にも限界がある。限界の徴候は，地球のあちこちで資源の枯渇や公害や異常気象といった形で現れている。これほどまでに急増加した，そしてまだ増加しつつある人類を，地球は今後も支え続けることが果たしてできるのか。

(2) 共有地の悲劇

先頃亡くなったアメリカのギャレット・ハーディンは，環境問題に関する1968年の古典的論文の中で，われわれがおかれた状況を，「共有地の悲劇」と呼ばれる喩え話を使って説明している。この話を紹介しよう。

まず，誰もが自由に使える広大な牧草地があると想像してみる。そして牛飼いたちが，この広々とした共有地で，まばらに牛を飼っている。牛飼いたちは皆，できるだけたくさんの牛を飼おうとするが，戦争，疫病，盗みなどによって，牛の数は長い間，思うようには増えなかった。

やがて平和や畜産技術の発展によって，まばらだった共有地には牛が溢れるほどに増えた。しかし繁栄も束の間で，共有地の論理が悲劇を生み出すことになる。というのも，牛飼いたちはそれぞれ，できるだけ多くの利益を生み出そうと牧畜を営む。彼らは，「自分の群に牛をもう一頭追加すれば，どれだけ利益が生まれるか」と自問する。答えを出すには，牛一頭を追加する行為のメリットとデメリットを考えねばならない。

・メリット：追加した牛を売ることで得られる利益は，まるまる自分の利益にできるので，一頭追加のメリットは＋1である。
・デメリット：牛一頭追加すれば，その分，共有地は過放牧状態になり，牧草は減る。しかし牧草の減少は，共有地の牛飼い全員に分配されるので，牛一頭を追加するデメリットは－1を牛飼い全員の数で割った数字で，極僅かである。

メリット，デメリットを天秤にかけたとき，分別ある牛飼いなら，微々たるデメリットを気にするより牛一頭を追加した方が得だと判断し，一頭増やすだろう。さらに同じ理屈で，また一頭，また一頭，増やしていく。そしてこれは一人の牛飼いだけでなく，合理的に思考する牛飼い全員がそうするのである。すると共有地は，無制限の過放牧に耐えられず，すぐに荒廃してしまう。この破綻は，皆が自分の利益を求めて，理性的に行動した結果なのである。

　この寓話は，牧草地の利用だけでなく，天然資源の利用一般に当てはまることだ。例えば，自家用車の利用について言うなら，車の保有が日常生活にもたらすメリットはたいへん大きい。他方，車を動かすには，近い将来枯渇が心配される化石燃料が必要だが，個人のガソリン消費量などたかが知れている。なので個人の利益を考えるなら，自家用車は持つべきだ，となる。しかし車の購入費用，維持費用などに絡む経済的事情が許せば，地球上の多くの人が同じ選択をするだろう。個人のレベルでは微々たるガソリン消費量も，多数の人間が長期にわたって消費するなら，膨大な量になる。すると化石燃料の枯渇に拍車がかかることになる。

　共有地の悲劇の寓話は，資源の利用に限った話でない。人間は，資源の供給源としての環境だけでなく，廃棄物の受け入れ先としての環境にも依存しているのだった。例えばガソリンを燃して自動車を走らせると，大気中に二酸化炭素を廃棄することになる。二酸化炭素は温室効果ガスの主たるものである。地球温暖化によって人類が被る被害は，多大で複雑なものと言われている。しかし個々の運転者が環境に放出する二酸化炭素の量はたいしたものでない。なので，地球の温暖化は困るが自分が車一台運転しても害はないだろう，と考えて人は車を運転する。同じ理由で，同じことを誰もが行なえば，二酸化炭素放出量は膨大になり，地球の温暖化に拍車がかかる。

(3) ハーディンの提案

　ハーディンが牧草地を例に描いた共有地の悲劇はこのように，限りある資源を個々人が自分の利益のために自由に使うとき，様々な形で発生する。

　では破綻を避けるには，どうすべきか。ハーディンはまず，問題解決のた

めに，個々人の「良心」には頼れない，と言う。というのも良心は淘汰され消滅するだろうからだ。人間の中には比較的良心が強い人々がおり，それらの人々は，共有地を守るためなら自分の利益を犠牲にできる。他方，人間の中には比較的良心の弱い人々がおり，それらの人々は，公の利益のために自分の利益を犠牲にするつもりなどない。すると，良心が強い人が資源利用を抑制した分，良心が弱い人は，その努力に「ただ乗り」(free ride) し，保全された資源を利用してしまうだろう。まさに「正直者が損をする」構図ができるのである。結果，「正直者」に倣おうとする者は現われず，良心は淘汰され消えていってしまう。残った者が資源を競って食い尽くし，共有地は荒廃する。

　良心の代わりにハーディンが訴えるのは，「強制」である。つまり人々が，合意の上，共有地の利用制限を全員に等しく強制する，ということである。利用制限のタイプは，様々でありうる。共有地の全面的使用禁止以外にも，使用の有料化，共有地の囲い込みによる私有地化，などが考えられる。例えば大気へのCO_2排出を抑えるために二酸化炭素排出に課税することは，大気という共有地の使用の有料化と言えよう。また外国漁船による濫獲から漁業資源を守るため公海自由の原則を制限し，国際社会が排他的経済水域を設けたのは，国家による海の私有地化と言えよう。

　確かにハーディンが考えるように，一部の良心だけを頼りにしていては共有地は守れない。資源の枯渇，濫用の問題は深刻であり，社会全体をあげて，人々が自らを規制する仕組みを作らねばならない。

　だが本当に良心は，「ただ乗り」の余地を与えるばかりの，無効なものなのか。共有地荒廃の原因の一つは，先進諸国による資源の大量消費である。われわれは資源の大量消費を豊かさだと思い，それを当然のように享受している。夏冬はエアコンをつけた部屋で快適に過ごし，近くへ出かけるにも車を利用する。街へ出れば，店にはモノが溢れている。そして広告や雑誌に購買欲をあおられ，不要なものもつい購入してしまう。それらはやがて，ほとんど使用しなかったにもかかわらず，邪魔だからと捨てられる運命にある。これらの行為も，もちろん環境に負担をかけている。だが，これらを一つ一つ控えることを強制する仕組みを作るのは，自由主義経済の社会では難しい。

まずは個々人が,自分の行為が環境に与える負担を自覚し,互いを啓蒙し,不要なものは省くという努力をすることが重要でないか。そしてそのためには良心という内発的動機が必要ではないだろうか。

引用・参考文献

【脳死】
　森岡正博『脳死の人』(東京書籍, 1989年)。
　柳田邦男『犠牲』〈文春文庫〉(文藝春秋, 1999年)。
　小松美彦『脳死・臓器移植の本当の話』〈PHP新書〉(PHP研究所, 2004年)。

【代理出産】
　小西宏『不妊治療は日本人を幸せにするか』〈講談社現代新書〉(講談社, 2002年)。

【動物の権利】
　ピーター・シンガー編,戸田清訳『動物の権利』(技術と人間, 1986年)。
　林良博・近藤誠司・高槻成紀『ヒトと動物』(朔北社, 2002年)。
　宮沢賢治『童話集　銀河鉄道の夜』〈岩波文庫〉(岩波書店, 1951年)(「ビジテリアン大祭」所収)。
　Bentham, J., *Introduction to the Principles of Morals and Legislation*, Prometheus Books, 1988.

【環境】
　加茂直樹・谷本光男編『環境思想を学ぶ人のために』(世界思想社, 1994年)。
　アンドリュー・ドブソン編著,松尾眞・金克美・中尾ハジメ訳『原典で読み解く環境思想入門』(ミネルヴァ書房, 1999年)(ハーディン「共有地の悲劇」抄訳所収)。

II　実践編：新たな試み

第 10 章
道徳教育の現代的傾向

■岡部美香

1　はじめに

　小学校，中学校における「道徳の時間」を思い出してもらいたい。どのような授業が行なわれていただろうか。印象に残った授業はどのような内容だっただろうか。その授業は，その後の人生においてどのような形で生きているだろうか。また逆に，授業のなかで疑問や問題を感じたことはなかっただろうか。
　大学生にこのような質問を投げかけると，授業内容を具体的には思い出せない，という回答が返ってくることが少なくない。また，授業について覚えているという人の記憶は，だいたいのところ一致している。すなわち，読み物資料を渡されて，それを読み，登場人物の心情についてクラスで話し合い，最後に「自分の意見」や感想を書いた，というものである。時に，読み物資料が映像資料やペープサートになることもある。
　「道徳の時間」が楽しかったという人や印象に残っているという人に，どのような点が楽しかったか，印象に残っているかと尋ねると，読み物資料の内容が興味深かった，国語の時間とは異なり登場人物の心情について比較的自由に考えることができた，という回答が多い。ただ，彼らのなかでは，「では，『道徳の時間』は国語の授業と具体的にどのように区別されるのだろう」という疑問が湧くようだ。
　また，「道徳の時間」があまり面白くなかったという人に，それはなぜかと尋ねると，読み物資料を読むとだいたいすぐに授業の行き着く先，すなわ

ち，どのような意見を「よい意見」として言ったり書いたりすればいいのかが推測できる，したがって，教師から自由に考えればいい，「自分の意見」を言ったり書いたりしてよいといわれても，なかなか積極的にそうしようという気になれない，という批判が出される。

　近年，道徳教育の意味や「道徳の時間」の興味深さを追求するとともに，こうした疑問点，問題点を克服するべく，道徳の教育実践・授業実践に関してさまざまな創意工夫が試みられている。第Ⅱ部・実践編では，いま，道徳に関して学校ではどのような教育実践・授業実践がなされているのか，そこではどのような創意工夫が凝らされているのかを具体的に報告する。これらの実践は，現在，全国各地の学校で試みられていることのごく一部ではあるが，本書全体のテーマである「かかわり」に主眼を置いたものである。

　教育実践・授業実践に関する具体的な報告の前に，本章では，「道徳の時間」が特設された1958（昭和33）年から現在までの学校における道徳教育の変遷を概観した後，第Ⅱ部で紹介されている実践を考察する際のポイントについて述べていきたい。

2　戦後における道徳教育の変遷

(1) 読み物資料の登場

1958（昭和33）年に学習指導要領の改訂に伴って「道徳の時間」が特設されたことは，第Ⅰ部・第3章で論じられている通りである。ただし，これを機に学校で道徳教育が活発に行なわれるようになったわけではなかった。

　1963（昭和38）年の教育課程審議会答申「学校における道徳教育の充実方策について」によると，導入から5年が経ってもカリキュラムに「道徳の時間」を導入していない学校や道徳教育を日常的な生活指導・生徒指導によって行なうとする学校のあったことが指摘されている。

　学校や教師たちが道徳の授業実践に対して積極的になれなかったのは，やはり戦前の修身が及ぼした影響が念頭から離れなかったからではないかと推測される。当時の教育関係者の多くは「道徳の時間」の特設が修身の復活になってはいけないという思いを抱いていたと考えられるが，いざ，修身とは

異なる道徳の授業をするとなると，それを具体的に構想し実践するのはそう簡単なことではなかっただろう。事実，「道徳の時間」に関する指導計画の作成や教材の選定，指導の方法に戸惑いや困難を感じている教師が当時は多かったということが，文部省の調査でも明らかにされている。

そこで，文部省は，1964〜66（昭和39〜41）年にかけて「道徳の指導資料」を刊行した。この資料は，小・中学校の各学年別に作成され，子どもの発達段階に即した，かつ子どもの興味を喚起するような例話とともに，具体的な指導方法を記したものである。この資料の刊行を境に，子どもの生活に比較的類似した内容の読み物資料を手がかりとして，子どもが自分自身の生活を振り返り，そのあり方を考える，という道徳の授業形態が普及するようになった。

(2) 「期待される人間像」

ところが，1960年代後半に，道徳および道徳教育を巡って論議が湧き起こった。そのきっかけとなったのが，1966（昭和41）年10月に中央教育審議会答申別記として公にされた「期待される人間像」という文書である。

1960年代後半の日本は，高度経済成長のただなかにあった。この時期，科学技術の日進月歩の進展と経済的な国際競争の激化に対応できるような人的能力の開発が，とりわけ経済界から教育界に強く求められていた。

この状況を受けて，当時の文部大臣が中央教育審議会に「後期中等教育の拡充整備について」を諮問し（1963（昭和38）年），中央教育審議会は1965（昭和40）年1月の「期待される人間像中間草案」に続いて，上記の「期待される人間像」を発表したのである。

この文書が論議の的になった大きな要因の一つは，第二部「日本人にとくに期待されるもの」の第四章「国民として」のなかで，正しい愛国心をもつことや国の象徴に対して敬愛の念をもつことなどが挙げられていたからである。この点について，政府が国民道徳を一定の方向に定式化することへの疑問や批判，そして愛国心や天皇や国家観を巡る論争が，戦後の道徳教育開始以来といわれるほど激しく展開された。

結局，「期待される人間像」は，戦前の「教育勅語」のような国民道徳の

基準となることはなかった。

　また，学校における道徳教育も，十分に活性化するという状況にはなかなか至らなかった。1983（昭和58）年の文部省調査によると，全国の小・中学校では確かにほぼすべての学校で「道徳の時間」をカリキュラムに導入していたものの，授業が適切に行なわれたかという質問に対して「おおむね適切に行なわれた」と回答した学校は，小学校で約77％，中学校では約64％であった。

　このような状況に対して，臨時教育審議会の第一次答申（1984（昭和59）年）や教育課程審議会答申（1987（昭和62）年）などのなかで繰り返し道徳教育の充実が主張された。しかし，1997（平成9）年に行なわれた文部省による道徳教育推進状況調査においても，学習指導要領に示されている年間の授業時間数（小学校1年生は34時間，小学校2年生以上は35時間）を下回っている学校が小学校では全体の約32％，中学校では全体の約59％存在するという結果が示された。同時に，「道徳の時間」が学校行事や学級活動，教科指導に振り替えられているという現状も明らかとなった。

(3)「生きる力」と「キレる子ども」

　道徳教育のこうした低迷状況に変化の兆しが見え始めたのは，1990年代後半からである。その背景には，概して四つの要因が考えられる。

　まず一つめは，21世紀を迎えた日本の時代状況である。1997（平成9）年の中央教育審議会「21世紀を展望した我が国の教育の在り方について」（第二次答申）では，国際化や情報化，科学技術の進展，高齢化，少子化といった急速に変化するさまざまな現象によって先行き不透明な厳しい時代を迎える21世紀の社会では，その都度の時代状況に柔軟に対応しつつ，諸課題の解決に向けて積極的に取り組むことのできる子どもを育成することが重要であると指摘された。なかでも，「自分で課題を見つけ，自ら学び，自ら考え，主体的に判断し，行動し，よりよく問題を解決する資質や能力」，「自らを律しつつ，他人とともに協調し，他人を思いやる心や感動する心など，豊かな人間性」などを含む「生きる力」の必要性が強調された。この時から，1998（平成10）年の学習指導要領において新設された「総合的な学習の時

間」をはじめとして，問題解決型の学習方法が学校教育にあらためて積極的に導入されるようになったのである。

　二つめは，地域共同体的なネットワークの希薄化である。今日，家庭では，少子化や核家族化によって異年齢間，異世代間のコミュニケーションという生活体験の機会が減少し，地域社会では，地縁的な連帯が弱体化するとともに人間関係が薄れ，子どもの豊かな人間形成を保障するような生活体験や自然体験が失われつつある。1997（平成9）年の文部大臣による諮問「幼児期からの心の教育の在り方について」を受けて中央教育審議会が発表した答申「新しい時代を拓く心を育てるために――次世代を育てる心を失う危機――」（1998（平成10）年）では，子どもの道徳性の育成を促進するべく，家庭・地域・学校における教育のあり方の見直しが求められた。

　三つめは，バブル経済とその崩壊による影響である。日本の経済成長がピークを迎えた1980年代後半ごろから，人々の「豊かさ」に関する意識が変化し始めた。暉峻淑子著『豊かさとは何か』（岩波新書，1989年）のブックカバーの裏表紙には，次のような文章で著書の内容が紹介されている。

　　モノとカネがあふれる世界一の金持ち国・日本。だが一方では，環境破壊，過労死，受験戦争，老後の不安など深刻な現象にこと欠かず，国民にはゆとりも豊かさの実感もない。日本は豊かさへの道を踏みまちがえた，と考える著者が……真に豊かな社会への道をさぐる。

　暉峻のいう豊かさへの道は，社会保障の充実，自然環境を含む社会資本の拡充，福祉に関する法制度の整備へと向かうものであった。だが，一般に探求されたのは，「心の豊かさ」への道であった。1990年代前半には，中野孝次著『清貧の思想』（草思社，1992年）がベストセラーになった。同時期から，全国の大学では心理学，とりわけ臨床心理学を専攻したいという学生，院生が急速に増加し始めた。1995（平成7）年の阪神大震災と地下鉄サリン事件において「心のケア」の重要性が社会的に広く認知されるようになった後は，現代社会におけるカウンセリングの必要性が事あるごとに指摘されるようになった。教師にも「カウンセリングマインド」が求められるように

なった。このように，人々の関心は1980年代後半から徐々に，とりわけ1990年代に入ると加速度的に，「心のケア」や「心の育成」といった「心」の問題へと大きく傾斜していったのである。

　四つめは，教育問題の複雑化，深刻化である。1986（昭和61）年の中野富士見中学いじめ自殺事件をきっかけにその深刻化，陰湿化があらためて社会的に問題視されるようになったいじめ、不登校，ひきこもりの子どもや若者の増加，1998（平成10）年前後から突如として取り沙汰されるようになり，現在では起こっていない学校はないという言説まで出現している学級崩壊など，1980年代後半からさまざまな教育問題が噴出し始めた。

　こうした教育問題の噴出にそこはかとなく不安を感じていた大人たちを混乱に陥れたのが，1997（平成9）年の神戸児童連続殺傷事件と1998（平成10）年の黒磯ナイフ事件であった。中学生が（猟奇的な）殺人を犯しうるということ，後者においては「フツウ」の子どもが突然「キレ」るということが，大人たちに「子どもがわからなくなった」という危機感を抱かせた（「わかっている」と思い込んで実際にはわかっていなかったという現実を突きつけられたことによる危機感と焦燥感といった方がおそらく的を射ているであろうが）。

　このような状況のなかで，中央教育審議会は1998（平成10）年，「新しい時代を拓く心を育てるために——次世代を育てる心を失う危機——」を答申し，家庭教育，地域における教育の見直しとともに，「心を育てる場」としての学校とその学校における道徳教育の見直しを図ることの必要性を世に訴えたのであった。

(4) 道徳教育の充実のための具体的方策

　中教審の答申「新しい時代を拓く心を育てるために——次世代を育てる心を失う危機——」のなかでは，学校における道徳教育を充実させるための具体的な方策が挙げられている。第4章「心を育てる場として学校を見直そう」の「ⅱ）道徳教育を見直し，よりよいものにしていこう——道徳の時間を有効に生かそう——」に列挙されている項目をまとめると次のようになる。

1. 道徳の時間の授業時間数を確保するなど，教育体制を整える
2. 道徳の時間を中核としつつ，学校教育全体で道徳教育を行なう
3. 特別活動や総合的な学習の時間などにおける体験的，実践的活動と関連させつつ，子どもが自ら考えることを大切にした授業を行なう
4. 教材などを工夫する
5. 教師主導型の授業ではなく，「子どもとともに考え，悩み，感動を共有する」ような授業を実践する
6. 教員が積極的に道徳教育を行なう
7. 地域の人々の協力を得る

ここに挙げた7項目のうち，第3点を中心的に考慮して開発されたのが，いま注目されている「総合単元的」といわれる道徳の学習方法である。この方法は，次のような考え方に基づいている。すなわち，自分で考え判断することのできる主体的な子どもを育成するためには，その育成を図る授業においても子どもが主体的に活動し，それを通して学習することが重要であるという考え方である。また，「道徳の時間」を年間35時間，すなわち週1時間ずつ行なうとすると，子どもの意識の流れも教師の指導もその都度，分断されたり子どもの生活そのものとかけ離れてしまったりしがちである。総合単元的な道徳学習には，「道徳の時間」を他の教科の授業や特別活動，総合的な学習の時間などとうまく関連づけることによって，それを回避しようという意図がある。

押谷由夫によれば，総合単元的な道徳学習とは，「道徳の時間」の前後にその内容と関連があり，かつ子どもが主体的に体験したり実践したりできるような学習を位置づけるという方法である。(5)この場合，「道徳の時間」とその前後の学習という一連の過程を全体として道徳学習ととらえる。ただし，これは「道徳の時間」を各教科や特別活動，総合的な学習の時間に振り替えるというものではなく，「道徳の時間」を核として学校教育活動全体で子どもの人間形成を図ることを目的とするものである。

3 おわりに

　以上,「道徳の時間」の特設から現在に至るまで,日本の学校教育における道徳教育の変遷を概観してきた。次章以下で紹介する教育実践・授業実践は,1998（平成10）年の中教審答申を契機に生起した道徳教育の充実を図る流れのなかに位置づけられる。最後に,それぞれの実践報告を考察する際のポイントについて簡単に述べておきたい。

　まず第11章では,道徳の授業を学級づくりや学級経営に生かそうという試みを紹介する。この試みを行なったのは,ある地方自治体に採用されたばかりの新任教員である。新任教員の苦悩と奮闘について,その教育実践を1年間にわたって支援し続けた初任者研修担当の先輩教員が論じている。

　第12章では,いわゆる読み物資料を使用した,オーソドックスな道徳の授業が報告されている。ただし,オーソドックスといえども,教師の実践には子どもたちの思考が豊かに展開されるように工夫が凝らされている。その点を授業記録から読み取っていただきたい。

　第14章は,幼稚園における道徳教育が論じられている。近年,幼稚園・保育園の教育・保育においても道徳性を育成することの重要性が強調されている。しかし,小学校・中学校と異なり,幼稚園・保育園ではいわゆる「道徳の時間」のようなものはない。では,いったいどのようにして子どもたちの道徳性の育成を支援するのか。この問いを具体的に探っていくなかで,自分という存在を他者から受容される,認められるという感覚が道徳性の原点に位置づくことが明らかとなるだろう。

　第13章,第15章,第16章は,前述した「総合単元的な道徳学習」の実践例である。いずれも,ハンディキャップをもつ人々との交流を通した学習を中心的な主題としている。

　第13章は,中学校における道徳の授業実践である。「道徳の時間」を特別活動や総合的な学習の時間といかに関連づけて単元を編成するかについて,その一例を見ていただきたい。

　また,第15章と第16章は同じ実践を異なる立場から考察したものと

なっているので，ぜひ両者を読み比べていただきたい。そして，健常者の多くがはまりやすい陥穽に気づいてもらいたい。この陥穽は，筆者自身が特別支援教育を専攻する大学生から投げかけられた次の問いかけに端的に表われている。「障がい児・者は，単に健常者が福祉について学ぶための対象ではありません。障がい児・者も生きていくために道徳を必要とする社会の一員です。それなのに，先生はどうして道徳教育に関する講義のなかで，彼らへの道徳教育について取り上げないのですか。」

さらに，第 16 章では，道徳の授業を実践した教師が悩みながら，子どもたちとともに自らも成長しようとする姿が描かれている。先に列挙した道徳教育の充実のための 7 項目のうち，第 5 点でいわれていたような授業，すなわち「教師主導型の授業ではなく，子どもとともに考え，悩み，感動を共有するような授業」の一例をこの章の報告に見ることができるだろう。

これらの教育実践・授業実践をさまざまな視点から考察するなかで，読者一人ひとりが自分の行ないたい道徳教育，道徳の授業についてイメージを豊かに膨らませて下されば幸いである。

(1)　現代におけるいじめの構造については，次の文献が詳しい。菅野盾樹『いじめ——学級の人間学——（増補版）』（新曜社，1997 年）。
(2)　不登校，ひきこもりの現状については，次の文献を参照。斎藤環『社会的ひきこもり』（PHP 研究所，1998 年）。
(3)　太田佳光「「学級崩壊」の原因」，太田佳光編著『キーワードで読み解く現代教育』（黎明書房，2002 年）135 – 145 頁。
(4)　この動向の延長線上に，全国の小・中学校における文部科学省編『心のノート』（小学校 1・2 年用，3・4 年用，5・6 年用，中学生用，2002 年）の配布がある。『心のノート』を巡る諸見解については，次の諸文献を参照。文部科学省編『「心のノート」を生かした道徳教育の展開：「心のノート」活用事例集』（暁教育図書，2003 年），三宅晶子『「心のノート」を考える』（岩波書店，2003 年），など。
(5)　総合単元的な道徳学習については，次の文献を参照。押谷由夫『総合単元的道徳学習論の提唱——構想と展開』（文渓堂，1995 年）。

■ 参考文献

押谷由夫監修・植田清宏・山口昌則『総合ユニット方式による道徳学習』（東洋館出

版社，2000年)。
山﨑英則・西村正登編著『道徳と心の教育』(ミネルヴァ書房，2001年)。
土戸敏彦編『〈道徳〉は教えられるのか？』(教育開発研究所，2003年)。

第11章
心を育てる学級づくりと道徳の授業
―― 新米教師の奮闘記 ――

■西山比登美

　筆者は，平成15年度から始まった初任者研修の拠点校指導員として，近隣の3つの小学校における4人の初任者の指導を担当することになった。そのなかの一人，大学を卒業したばかりで教職に就いた奈々美（仮名）は，3年生の子どもたちとの営みに四苦八苦していた。学級経営の難しさに悩み，戸惑い，自信をなくしかけていた。学級は乱れ，授業も立ちゆかず，子どもにとって不幸な1年になってしまいそうな不安があった。

　筆者は，子どもたちが安心して生活できる学級，自分の居場所となる学級を育てなくてはいけないという危機感と使命感をもって，担任の奈々美をサポートした。

1　新米教師の苦悩

(1)　5月末の奈々美学級の実態

　奈々美学級の3年生の子どもたちは元気がいい。奈々美先生のことを友だちのように慕っている子どもが多い。実際，奈々美先生は子どもたちとよく遊んでいる。一人ひとりの子どもたちの話にも，丁寧に耳を傾けている。毎日熱心に教材研究をし，こまめにノートやプリントに目を通し，朝早くから夜遅くまで学校に勤めている。

　しかし，その反面，子どもたちに対する指導的な側面が弱く，適切に叱ることができなかった。特に，奈々美学級に在籍しているADHD児童は，教室からぷいと出て行ってしまったり，友だちのノートに落書きしたり，教室の片隅に段ボールで砦を作ったりしている。彼に対して誠実に向き合おうと

する奈々美先生の姿を見て，他の子どもたちも同じように授業中と休み時間との区別なく奈々美先生に甘え始めた。

　一部の子どもは，授業中でも平気で教卓まで歩いていき，個人的な質問をする。発表者の数は少なく，発表の声も聞き取れないほど小さい。友だちの話を聞かないで，手遊びをしたり友だちとおしゃべりをしたりする。座る姿勢が悪く，シーソーのようにいすをがたがたさせる。掃除も熱心ではなく，給食後の教室にはストローや残菜ごみが落ちている。係の仕事にも取り組めず，友だちどうしのいざこざも多くなった。道徳の授業も成立しにくく，担任の一人舞台と子どもたちの勝手な発言だけで授業が終わってしまうことも多かった。

　5月末の参観日後の懇談会では，保護者から「しっかり授業をしてほしい」「子どもたちをしっかり育ててほしい」などのクレームが出てしまった。

(2)　Q－Uテストによる学級の育成計画

　1週間に1度しか学級を訪れることができない私は，奈々美先生の学級が崩れてしまうのではないかという不安ともどかしさで悩んでいた。なんとか彼女とともに学級を立て直したいと考え，岩手大学の河村茂雄が提唱する「学級育成プログラム」に取り組むことにした。

　「学級育成プログラム」とは，現在の学級集団の状態や子どもたちの実態，つまり，「学級の現在地」を分析的に把握して，それを踏まえて「学級の目的地」を設定するというプログラムである。目的に到達するための方法を検討し，実施，再検討を繰り返しながら学級集団を育てていく。「学級の現在地」を把握するために，ソーシャルスキル，学級生活に対する意欲，学級生活満足度を調査するのだが，ここでは学級生活満足度の調査について詳しく述べていくことにしよう。

　次のページの**表1**を見ていただきたい。表の横軸は被侵害得点軸で，右にいくほど誰からも侵害されず安心して学級のなかで生活しているという感覚が大きいといえる。縦軸は承認得点であり，上にプロットしているほど認められていると実感している子どもだということになる。各フィールドについて説明すると，

|学級生活満足群| 誰からも侵害されずに多くの友だちから承認され，自分の居場所があると感じている子どもたちが所属するグループ。
|非 承 認 群| 深刻ないじめなどは受けていないが，自分の居場所を見つけられていない子どもたちのグループ。
|侵害行為認知群| 何かとトラブルを抱え，自己中心的な言動が目立つ傾向がある子どもたちのグループ。
|学級生活不満足群| 誰かから侵害され，あまり承認されていないと感じている子どもたちのグループで，いじめを受けている可能性が高い。

6月における3年奈々美組の結果を集計すると次のような結果になった。

奈々美組の場合，「不満足群」にいる子どもが11人（36%）もいる。全国平均値が25%であることから考えても，かなり高い数値である。トラブルを抱えていると考えられる「侵害行為認知群」には7人（23%），「非承

表1　3年奈々美組　学級生活に対する満足度（6月）

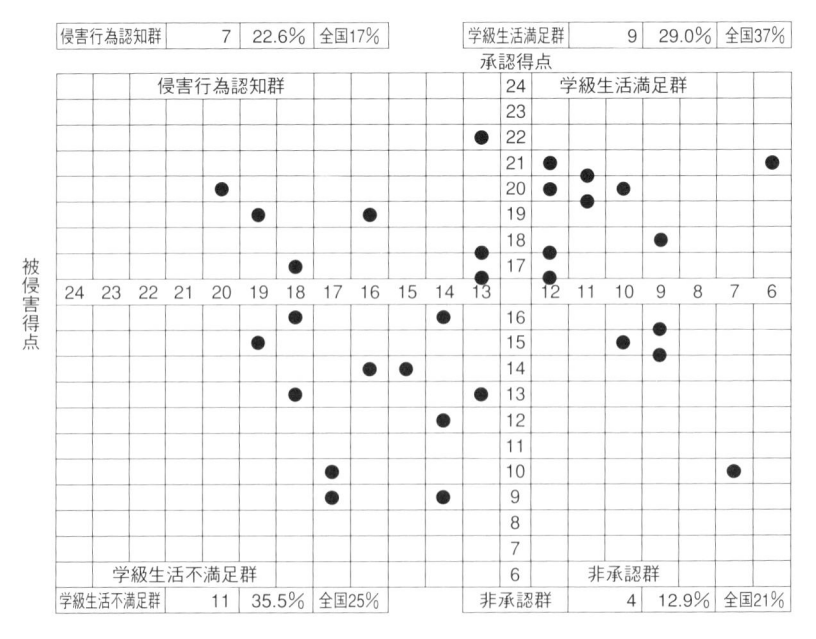

| 侵害行為認知群 | 7 | 22.6% | 全国17% | | 学級生活満足群 | 9 | 29.0% | 全国37% |
| 学級生活不満足群 | 11 | 35.5% | 全国25% | | 非承認群 | 4 | 12.9% | 全国21% |

認群」には4人（13％）の子どもがいる。満足群に所属している子どもは9人（29％）である。河村は，学級の70％の子どもが満足群に属している状態が望ましい学級集団の状態だという。このことに照らしても，全国平均から見ても，奈々美組はかなり低いといえる。

この分布図から学級の状態を判断すると，学級のルールが守られておらず，友だちどうしの関係も不安定で，小グループ間でのトラブルが多く，教師と親しく話せる一部の子どもだけが，学級に満足しているのではないかと解釈できる。

そこで，この分布図を見ながら，担任とともに，今後どのような学級をめざしていけばよいかについて時間をかけて話し合った。その結果，学級の「目的地」として，①基本的なルールが共有されている学級，②充実したグループ活動ができる学級，③自分らしく，自信をもって活躍する子どもが多い学級，を設定した。この目的地に向かって，道徳の授業を一つの手がかりとしながら，学級経営を行なった。

2 道徳授業の充実に向けて

(1) 道徳授業が成立する学級づくり

5月末の奈々美学級での道徳の授業は成立していなかった。奈々美先生は毎週の道徳の時間を大切に扱い，よく資料を研究して授業に臨んでいた。しかし，子どもたちの態度は教科学習の時間よりも悪く，話を聞かず考えず，ふざけた発言をする一部の子どもにかき回されていた。

2学期になってから，教科学習の時間ではずいぶん落ち着きを取り戻し，私語や立ち歩きも少なくなってきたが，やはり道徳の授業は成り立ちにくかった。奈々美先生も道徳と国語科の授業の違いがわからないと悩んでいた。資料の読み取りに終始してしまい，価値に迫る話し合いはまだできない状態だった。

10月に見せてもらった道徳授業後の研修で，私は次のような指導をした。

・無駄な子どもの動きを抑えよう。いらない雑音や無駄話が多すぎる。

- のべの発言回数が8回では少なすぎる。多くの子どもの発言によって自分の考えを練り上げ，深めさせたい。
- 資料の読み取りに終始しないで，早めに資料から離れた方がいい。資料についてどう考えるかではなく，資料が含んでいる価値について考えさせたい。
- 意図的に指名して考えさせよう。そのためには事前に子どもたちの行動や価値観を探っておく必要がある。普段の生活と道徳の授業をリンクさせると本音の意見が出やすい。
- わざと偽悪的な意見をいって注目されたがる子どもがいる。価値に迫るための真剣な思考をめざそう。授業の前段でもっと資料に共感させるための工夫が必要。
- 授業の終了段階で自分の生活を振り返った発言をさせるためには，具体的なヒントを与えるとよい。

11月を過ぎてから，奈々美先生は道徳授業の基本型を学び，いろいろな指導法を工夫しながら授業に取り組んでいた。何度も道徳の授業を自主的に公開して，校内の先輩たちから多くの指導を仰いだ。

(2) 3学期の奈々美学級
〈1月〉

奈々美先生は，毎週の道徳の時間のために，子どもの実態に合う資料を探し出してきては，熱心に資料分析した。きちんと略案を書いて，校内指導員や私に意見を求めてきた。

「いつでもできる」の授業では，ざわざわしていた子どもたちが静かになったと思ったら，ひっそりと手遊びに夢中になっていた。しかし一方で，授業に集中する子どもも増えてきた。発言者は自分の言葉で豊かに表現しようと努めている。特に，乱暴な言動の多かったA児が，活発に発言するようになった。注意を受けることも多いが，最近になって，よく友だちの世話をするようになり，認められる回数も多くなったからではないかと考えられる。

奈々美先生は，発問をどのように精選すればよいのか悩んでいた。教壇での表情も自信がなさそうだ。そこで，授業後には，授業の逐語記録をもとにして，発問と応答との関係を探ったり，展開の工夫点を話し合ったりした。教師自身が，伝えたいことをはっきりと自覚すること，子どもどうしの練り合い・高め合いの場面をとること，この二つのめあてをもって次の授業に臨んだ。

　「大きな絵はがき」の授業では，先生が資料を読むのではなく，身振り手振りや挿絵を使って語りかけた。「メリハリをつけて，表情豊かに」との演技指導を受けて，照れながらも一生懸命に語りかけた。発問内容も，吟味して絞り込み，子どもたちが自然に自分の気持ちを語ることができるような内容にした。そうすると，子どもたちの聞く態度が変わり始め，友だちの考えに対して自分の意見を述べる子どもも増えてきた。

　この授業では，31名中，11名が発表。のべの発表回数は35回。これまでの道徳授業の最高記録となった。

　生活場面でも，給食の後かたづけが手早くなったり，放送も静かに聴けるようになったりと，学級のルールが少しずつ定着している様子がうかがえた。

〈2月〉

　「ロバを売りにいく親子」の授業では，発問がずいぶんと精選され，授業も落ち着いて穏やかな雰囲気で展開していた。この授業では，これまでほとんど発言しなかった控えめな女子児童が発言して，奈々美先生を喜ばせた。本音を語ってもらうために，「心情グラフ」を活用した成果が出たのではないかと思った。しかし，ワークシートには豊かに自分の気持ちを書いているのに，発表しないままの子どももまだ多くいた。

　この時期，奈々美先生の学校では，毎年恒例の全校縦割り集会の準備が始まる。各教室で創作した出し物を巡る文化祭のような集会である。奈々美学級でも学級会を開いて，テーマや出し物を決定した。出し物は，クラスで孤立しがちだったBが提案した「洞くつたんけん」に決定した。Bは，承認された喜びを感じているようだ。すばらしい笑顔を見せていた。

　子どもたちは，縦割り集会に向けて，生き生きと準備を進めた。その様子は，9月に設定した目的地「充実したグループ活動ができる学級」にずいぶ

ん近づいてきたように感じた。数人のグループで活発に話し合っている。自然にリーダーが生まれて，6人のグループでも，良好に協力できている。以前，聞こえていた奇声やトラブルの声もなく，自然な話し声が聞こえてくる。ほどよい緊張感もある。一人ひとりのアイディアや個性が生かされて生き生きと活動している。教科の授業中にはなかなか見られない子どもたちの様子だった。

　私はあらためて学校行事，とりわけ体験的で自治的な集団活動の大きな意義に気づかされた。子どもたちは，自分の役割を自覚して，嬉々として創作活動を楽しんでいる。奈々美先生も，道徳の全校研修会の準備と集会の準備が重なって大忙しだったが，どちらにも楽しそうに精力的に取り組んでいた。私は，これまでの道徳の授業への取り組みと，この集会の準備で得た満足感や協力の心が，相乗効果となって現われることを期待していた。

　いよいよ全校研修会における道徳の授業公開の日になった。
　主題名　正直な心で　資料「窓ガラスとさかな」
　先生は豊かに資料の内容を語り，子どもたちの心に届くような精選された発問を出し，じっくりと意見を聞いて，手際よく板書をまとめた。子どもたちは，心情グラフに表わした自分の本音や考えを，自分の言葉で精一杯語った。緊張している先生を助けようとする子どもたちの気持ちが私にも伝わってきた。そして，多くの子どもたちが，自分の言葉で語り終えたすがすがしさを感じているようにも思えた。

　発言者が23名，のべの発言回数は50回であった。回数だけでなく，発言内容も充実しており，聞き応えがあった。

　授業後の研究協議では，1学期の学級の様子を案じていた校長先生から，「安心して意見がいい合える，いい学級になった。子どもたちの声も自信にあふれている。すばらしい学級経営をしていることがよくわかった。」とねぎらいの言葉をいただいた。

3　1年間を振り返って

学級生活満足度尺度の結果から，7月，12月，2月を比べてみると，右上

がりに学級が育ってきた様子がわかる。侵害行為認知群が20％と，やはりまだ多いが，不満足群が3人（10％）に減り，満足群が14人（47％）に増えた。

　自分の存在が認められ，自分に自信がもて，友人関係が良好ならば，子どもたちはそれぞれの関係性のなかで育ち，そして，学級という小さな社会も育つのだと感じた。

　4月に学級経営に失敗すれば取り返しがつかない，学年始めの学級経営が重要だといわれる。しかし，それは，教師にとって都合のよい学級を経営する場合にのみあてはまる教訓だと思う。

　いまの時代に求められるのは，教師のめざした学級の姿へ目の前の子どもをはめ込んでいく従来の学級経営ではなく，一人ひとりの子どもが伸び伸びと育っていく学級集団を育てることではないだろうか。

　新米教師の奈々美は，未熟で不器用ではあったが，先輩たちの技術や経験に負けない情熱と純粋さとねばり強さがあった。そして，柔軟であった。こんな学級を経営したいという憧れやこだわりはもっていたが，理想の学級に対する堅い枠はもっていなかった。それが，この学級を立

学級満足度（7月）　31名

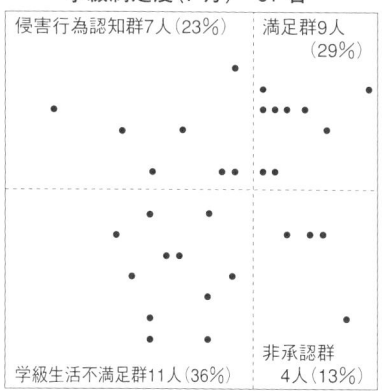

侵害行為認知群7人(23%)	満足群9人(29%)
学級生活不満足群11人(36%)	非承認群4人(13%)

学級満足度（12月）　31名

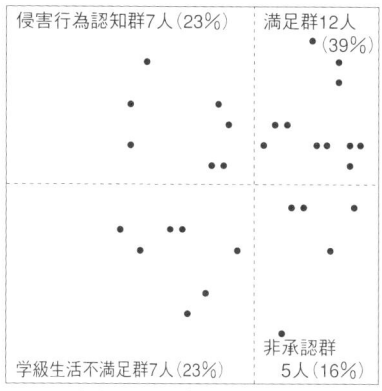

侵害行為認知群7人(23%)	満足群12人(39%)
学級生活不満足群7人(23%)	非承認群5人(16%)

学級満足度（2月）　30名

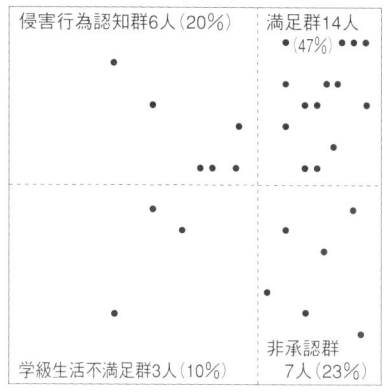

侵害行為認知群6人(20%)	満足群14人(47%)
学級生活不満足群3人(10%)	非承認群7人(23%)

ち直らせた大きな要因だったと感じる。

　これまで私たちは，経験という貯金に頼りすぎて，教師だけの視点で学級集団を見ていたのではないだろうか。だから，いまの子どもたちの変化に対応できずに，学級崩壊や学力不足などの問題が生まれてきたのではないだろうか。

　これからの教師は，学級経営ではなく，学級育成という視点で，学級の子どもたちと学級集団に向き合うことが求められていると思う。

　家庭と地域の教育力が低下し，人間関係力が弱くなったといわれる現代の子どもたちにとって，学級集団は，重要な人間形成の場である。

　よりよい学級集団とは，みんなでルールとマナーを共有し，しかも自分の居場所があり，互いにかかわり合いながら伸びていく集団であると思う。マナーとルールを共有するためには，道徳の授業がたいへん重要である。教師は，道徳を語ることを怖れず，いまの学級の状態にとどまらず，柔軟に学級を育てていこうとする情熱と気概をもって子どもに向き合いたい。

■参考文献

河村茂雄編著『グループ体験による学級育成プログラム』〈育てるカウンセリング実践シリーズ2〉（図書文化社，2001年），166頁。

第12章

道徳の授業
―― 小学校・えんぴつの授業 ――

■高山佳子

1 道徳教育

(1) 道徳教育で育てたい〈かかわり合う力〉と〈感受力〉

　子どもたちにとって，道徳的な心情が揺さぶられたり，道徳的な価値判断が求められたりして，人間としてのあり方や生き方を考えさせられる場面は，日常の生活のなかにつねに存在している。つまり，子どもの道徳に関する学習は，全教育活動のなかで連続性をもち，かつ，家庭や地域社会を含む全生活圏において行なわれる。筆者がかつて勤務していた学校では，このように子どもたちが生きることすべてにかかわる道徳教育を「子どもの存在」から構想し，実践していた。その際，道徳教育を通して育成したい力を〈かかわり合う力〉と〈感受力〉とし，それぞれ次のように定義している。

道徳教育で育てたい〈かかわり合う力〉
「環境」「文化」「他者」との関係のなかで，「自分」のあり方や生き方を見つめ，人としてよりよく豊かに生きる力

道徳教育における〈感受力〉
他者との関係のなかで，道徳的価値に気づき，既成の価値観をみつめ，自己を解体・再構築しながら，よりよいあり方や生き方を探っていこうとする力

〈情的感受力〉	〈理的感受力〉
日常の些細な場面，あるいは学習活動・読み物資料などのなかで，道徳的心情の葛藤を通して立ち止まり，自分自身の生活や考え方について，よりよい意味や価値を探っていこうとする力	個人の言動，他者との関係，環境・社会とのかかわりなどのなかから，道徳的な矛盾や価値対立を見いだし，合理性や道徳的価値に基づいて判断したり，よりよい意味や価値について理解したりする力

2　授業の実際　第1学年指導案——「えんぴつ」——

(1)　本授業の計画

① 　本授業で育てたい〈かかわり合う力〉

　相手のやさしい思いを感じ取り，感謝の気持ちを伝えようとする。

② 　子どもの実態

　前勤務校の教育特色の一つとして，教育実習がある。教育実習は，実習生と子どもたちの双方にとって，さまざまな教育的意義があるが，そのなかの一つに，学級集団に他者が入ることによって集団の関係性が変わり，子どもたちの内面に新たな気づきをもたらすことが挙げられる。

　本学級の子どもたちは，9月に4人，10月に3人の教育実習生を，期待や楽しみの予感をもって受け入れた。実習中は，実習生と身体全体で触れ合い，そこから他者の思いを感じ取る姿が多く見られた。また，別れに際しても，相手の思いに共感し涙をこぼしたり，実習生が寄せ書きした色紙をじっと読んだりする姿が見られた。しかし，子どもたちのなかには，相手の気持ちを品物の値打ちに置き換えてしか感じ取ることのできない子どもも多く，寄せ書きの色紙に対して，「なんだ，もっといいものをくれたらいいのに」などの感想をもつ子どもが見られた。

③ 　本授業の意義

　本授業は，上で述べた子どもたちの実態を踏まえ，お別れ会でもらった「物」と「他者の気持ち」に着目して構想された。消費社会のなかで，子ど

もたちにとっては，誕生日や記念日などの際に，何かにつけ大人から物をもらうことが当たり前になっている。子どもたちは，「おばあちゃんは物をくれるからやさしい」など，相手の思いを物の有無でとらえたり，高価さで判断したりすることが多い。本授業では，物の背景にある他者の思いを想像することにより，子ども一人ひとりがもつ「感謝」には，さまざまな程度のあることが明らかになるとともに，感謝の気持ちに基づいた言動にも異同のあることが明らかになると考えられる。これをきっかけとして，より高い道徳的価値を自覚する学習になりうると考えられる。

④ 指導の仕方

導入で，子どもたちに実習生が作った蛇の教具を提示し，物から実習中の様子を思い起こさせる。

次に，自作資料の主人公「さとし」が，実習生とのお別れ会でもらった「1本の鉛筆」の贈り物を見たときの感情について，話し合う場面を設定する。ここでは，鉛筆から，快・不快の感情がわき上がる。次に，鉛筆に記されていた「ありがとう」という相手のメッセージに着目させ，「1本の鉛筆」が「大切な鉛筆」に変わっていく理由を考える。物に対する見方の変容を話し合うなかで，「この鉛筆は使えないな。」と最後に思った「さとし」の気持ちを通して，「感謝」という道徳的価値を自覚させたい。

⑤ 評価基準

〈情的感受力〉
○ 実習生のことをなつかしく思う。（表情・つぶやき）
○ 資料に出てくる「1本の鉛筆」を「なんだ，鉛筆か」と思う「さとし」の思いを感じる。（表情・観察）
○ 鉛筆に書かれていたメッセージ「運動会，楽しかったね。ありがとう。」など言葉の背景にある実習生とさとしのつながりを感じる。（表情・観察）
○ 「この鉛筆は使えないな。」と思ったさとしの気持ちに共感する。（表情・観察）
○ 自分たちが実習生からもらった色紙や手紙などを通して，他者を思い

やり，他者に感謝する気持ちを感じる。(発表)

〈理的感受力〉
○　自分とのかかわりで，実習生と共有した体験や気持ちを話す。(発表) ○　鉛筆のメッセージを見て，「さとし」の気持ちが変容していく理由を考えながら発表する。(発表) ○　実習生の気持ちを感じ，感謝することについて，より高次な価値に気づく。(発表) ○　実習生に手紙を書き，発表するなかで，相手のことを思い感謝する気持ちをもつ。(ワークシートの手紙・発表)

(2)　授業中の指導

① めあて

「1本の鉛筆」をきっかけにして，「物」や「こと」の背景にある相手の気持ちを感じ取り，感謝の気持ちをもつ。

② 準備

切り抜き絵，手紙，色紙，ワークシート

③ 指導の実際

子どもの意識と教師の指導　　○教師　・子ども　◇指導上の留意点
○　ビニール袋に綿を詰め，色紙で顔や模様をつけた「へび」を黒板に貼る。 ○　この「へび」を見て，どんなことを思うかな。 ・　教育実習の先生が作ったにょろへびだよ。 ・　「へび」を5匹並べて，算数の長さくらべの勉強をしたね。 ・　昼休みに，一緒に鬼ごっこしたのが楽しかった。 ・　○○先生がおんぶしてくれたよ。うれしかった。 ○　子どもたちから出てくる教育実習生の名前を黒板に貼っていく。 ◇　「へび」の教具から教育実習生とのふれあいを思い出させる。

- ○ 「へび」だけでいろいろなことが思い出されたね。
- ○ 今日のお話は，教育実習の先生が出てくるお話です。
- ○ 資料

> さとしは，3年生です。
> 今日は，教育実習の先生たちとのお別れ会です。
> 先生たちが，お別れにプレゼントをくれました。
> 何かなと思って楽しみにしていると，袋のなかからは茶色の鉛筆が出てきました。
> プレゼントは，鉛筆1本です。
> 「なんだ，鉛筆かあ。」

- ○ さとしは「1本の鉛筆」を見て，はじめにどう思ったのでしょう。
- ・ なんだ，鉛筆かと思いました。
- ○ さとしの吹き出しを貼る。
- ○ 他にもどんなことを思ったでしょう。
- ・ ケチなプレゼントだな。
- ・ こんな物しかくれないのか。お金がないのかな。
- ・ もっといい物をくれたらいいのに，つまらないな。
- ◇ さとしの鉛筆に対する気持ちに共感させる。
- ○ さとしもみんなと同じ気持ちがしたみたいよ。
- ○ 資料

> 「なんだ，鉛筆かあ。ケチだな。前の先生たちは，かっこいい下敷きや，においつきの消しゴム，もっといいものをくれたのに。」
> さとしは，心のなかでそうつぶやきました。

- ○ でもね，教育実習の先生が，にっこり笑って，1本ずつ手渡してくれた鉛筆には，小さな字で何か書かれていました。
- ○ 鉛筆の切り抜き絵を貼り，その側面に文字らしきものが小さく書かれていることに気づかせる。
- ○ 何が書かれているのかな。
- ○ 鉛筆に書かれている文字を一つひとつカードで出す。

○　資料

・　うんどうかい　がんばったね
・　きゅうしょく　のこすなよ
・　おにごっこ　たのしかった
・　おんぶしたら　おもかったぞ
・　みんな　ありがとう
・　せんせいたちより

・　子どもたちは，声に出し，一つひとつのメッセージを読んでいく。
○　「1本の鉛筆」に書かれていたメッセージを見たときの気持ちはどうだったのかな。
・　運動会のときは，「がんばれ」と応援してくれた。
・　おんぶして歩いてくれたよ。
・　みんなで食べると給食の時間が楽しかったな。
◇　メッセージから共有した時間や出来事を想像させる。
○　そうだね。いろんなことを思い出したね。
○　資料

メッセージを読んでいくうちに，さとしは教育実習の先生と一緒に勉強したことや遊んだことを思い出しました。 　「この鉛筆は，使えない。」 さとしは，大事にランドセルのなかにしまいました。

○　「この鉛筆は，使えない。」と思ったのはどうしてだろう。
・　先生との思い出があるから。
・　宝物みたいだから。
・　ありがとうの気持ちがあるから。
◇　物の値段や価値だけでは見えてこない「感謝」の気持ちについて自他の感じ方の異同に気づかせる。
○　みんなもお別れ会のときに教育実習の先生から「色紙」をもらったね。
○　数名の子どもたちから事前に借りていた色紙を見せる。

- ・ 私の色紙にもいっぱい言葉を書いていてくれたよ。
- ・ ぼくの色紙には，かっこいい絵も描いてくれていた。机に飾っている。
- ・ 私の色紙は，アルバムに貼って，大切にしまっているよ。
- ○ 大切にしているんだね。今日は，「色紙」を書いてくれた教育実習の先生からお手紙が届いているので読みますね。
- ・ 誰から届いたお手紙なのかな。
- ・ 早く読んで。
- ○ 教育実習生からの手紙

> こんにちは，みなさん。みんな，変わりなく，わいわい元気にすごしているのでしょうね。
>
> 先生は，いまは，大学生に戻って勉強しています。だけど，ときどき，みんなと一緒にすごした1ヶ月の思い出が頭のなかに浮かんできます。本当にいろんなことをしたよね。だけど，よく考えてみると一つひとつの思い出は，先生一人では，つくれなかった。みんながくれたものなんだなあとあらためて思います。みんながくれたいい思い出のおかげで，先生は，「本当の先生になりたい」という目標をはっきりもつことができました。一歩一歩その目標に近づくように努力しています。
>
> お別れの日，みんな，一人ひとりがくれた手作りのプレゼントは，ずっと先生の宝物としてもっています。一人ひとり，形は違うけど，みんなの温かい心が伝わってきて，本当にうれしかったよ。先生たちもみんなに「色紙」を書いたよね。4人の先生一人ひとりが，みんなに「いままでありがとう。そして，さようなら。」という意味を込めて書きました。ずっともっていてくれるとうれしいよ。
>
> また，みんなの顔や担任の先生の顔を見にいきたいなあと思います。そのときは，一緒に遊ぼうな。季節は冬になるけど，体を動かして，たくさん遊んでたくさん勉強して，寒さを吹っ飛ばそう。「一生懸命に楽しむこと」を忘れずにね。
>
> I先生より

○ 感じたことや考えたことをお手紙に書いてみましょう。
・ 子どもたちの手紙の内容

> ○ 一緒にしたこと
> ・ おんぶや肩車をしてもらってうれしかったよ。
> ・ つりかんやぶらんこで遊んだね。お絵かきもしたね。また、遊ぼうね。
> ・ 給食を一緒に食べたり、掃除をしたりしたね。
> ○ 教えてくれたこと
> ・ N先生の長さくらべは、ずっと忘れない。
> ・ O先生とした国語の大きなかぶや道徳のお話が楽しかった。
> ○ 感謝の気持ちの現われ
> ・ 色紙をありがとう。先生たちの気持ちがいっぱい詰まっていたよ。いまもすごく大事にしているよ。
> ・ 勉強を教えてくれてありがとう。また、一緒に遊んでね。
> ・ 教育実習の先生のことが大好きだよ。教室にいてくれてありがとう。
> ・ お手紙からあたたかい気持ちが伝わってきたよ。

・ 手紙を発表し合う。
◇ 自分の新しい気づきを感じたり、より高い価値に気づいたりする。

3 授業を振り返って

(1) 道徳的価値と体験

　低学年の子どもたちにとって、感謝の思いが表出する背景には、一緒に活動したり遊んだりした体験が大きく影響している。しかも、その遊びは、鬼ごっこのように身体を動かしたり、おんぶや肩車のように体に触れたりするような身体感覚を伴うものであることが推察される。

(2) **自作資料について**

　本資料は，第2節の冒頭で述べた「子どもの実態」をもとにして作成したものであるが，以下のような筆者自身の体験から生まれたものでもある。

　4年生の子どもたちを受けもったときの話である。実習生とのお別れ会を計画していた。子どもたちは，これまでの経験から，相手が何をくれるのか楽しみにしているところがあった。ただし，「3年生のときの教育実習の先生は，かわいいキャラクターのハンカチをくれたよね」など，物の話ばかりであった。

　そこで，実習生に，このような子どもたちの実態を伝え，プレゼントをするのなら考えてみてほしいことを伝えた。そこで現われたのが，この「鉛筆」である。鉛筆を手にした子どもたちからは，「なんだ，鉛筆か」という言葉こそ出なかったが，「あれ，鉛筆だけ」というような反応があった。実習生から「先生たちからのメッセージがあるから読んでみて」といわれた子どもたちは，六角形の鉛筆の側面に書いてある小さなメッセージを読み始めた。しばらく静かな時間が流れ，一人の子どもが，ぽつりと「この鉛筆は，使えない。宝物だ」と，つぶやいた。「ぼくもそうする」「私も宝物でしまっておく」，そんな声が教室から聞こえ始めた。このときの筆者の感動が本資料のヒントになった。

　学校に，学級集団に，実習生という他者が入ることは，子どもたちだけでなく，筆者自身にも新たな視点を与えてくれることが多い。

　このような自作資料を使った本授業は，1年生の子どもたちの実態に即しており，4年生の子どもたちが飲み込んでしまった「なんだ，こんな物」「けちだな」などの本音が実によく出ていた。また，鉛筆に書かれていたメッセージを読むにつれ，自分たちと実習生との遊びを通したかかわりなどが思い出され，「この鉛筆は使えない」という思いに共感することができた。また，子どもたちは，「鉛筆」の資料を通して，実習生がくれた「色紙」や「手紙」の背景にある他者の思いを想像し，「ありがとう」という感謝の気持ちをもつことができたのではないかと思われる。

第13章

道徳の授業
――中学校・ツインバスケットの授業――

■菊川美保

1　はじめに

　中学3年生は進路選択の時期であり，生徒たちは初めて自分たちが出ていく社会を意識し，また，自分たちの生き方を深く考え始める。この時期に教科・道徳・特別活動・総合的な学習の時間などを通して，総合的な視野で自分の生き方を考えたり，多くの人々とかかわってその生き方に触れたりという経験をすることは，たいへん意義深いことである。

　筆者が担任をしたクラスでは，32名中8名が将来，福祉にかかわる仕事につきたいと考えており，総合的な学習の時間で行なっている福祉体験学習にも関心が高く，具体的で詳しい体験学習をしたり，高齢者や障がい者と触れ合ったりしたいという希望をもつ生徒が多かった。

　そこで，中学校3年生の1クラス（32人）を対象に，福祉体験学習を柱にしつつ，さまざまな立場の人々と触れ合うという活動を取り入れた「共に生きる心を育てよう」という単元を設定した。全教育活動を通して，誰もが住みやすい，よりよい社会の実現に向けて，自分にできることや自分の生き方について考える機会となることをめざした。

2　全体計画

　まず，1年間を通しての全体計画を表にまとめた。全体の単元名は，「共に生きる心を育てよう」であり，単元目標は，「共に学び，共に生活し，共

に助け合うことの大切さに気づき，それを当たり前のこととして実践していこうとする「共に生きる心」を高める」とした。

時	教科	題 材 名	学 習 活 動	時間 (月/日)
1	総合	共に生きる心を育てよう① ○福祉って何だろう。 ○やってみよう，考えてみよう。	○福祉への入り口として，ゲームを通して，「いろんな視点で物を見ること」，「話をすることの大切さ」などについて考えさせる。	1 (6/24)
2	社会	共に生きる心を育てよう② ○公民分野・共生社会について	○共生社会の実現に向けて自分たちがなすべきことを話し合ったり，校内のバリアフリー度を調査したりして，学習の幅を広げる。	1 (6月上旬)
3	総合	共に生きる心を育てよう③ 福祉体験学習 ○車椅子体験 ○点字学習 ○ブラインドウォーク ○高齢者擬似体験 （本校で実施）	○障がいの擬似体験や用具使用の体験，また介護の体験を通して，相手の立場に立って物事を考えるとともに，いままでと違う視点で社会を見ることによって，自分にできることを考えようとする意識を養う。	2 (7/1)
4	国語	共に生きる心を育てよう④ ○お礼状を書こう	○福祉体験学習でお世話になった方々にお礼状を書くことを通して，福祉体験が自分にとってどんな体験となったかを整理する。	1 (7/3)

5	道徳	共に生きる心を育てよう⑤ ○福祉体験活動のグループ別活動報告 ○教材「車椅子の少年」	○グループごとに体験内容や感想を報告し合う。 ○資料をもとに，同情や偏見でなく同じ人間として助け合うことの意味について考え，話し合う。	1.5 (7/8)
6	夏休み	自由研究 ○ジュニアサポーター講座参加 ○身近な福祉設備や点字などについての調査	○左の活動のほか，ボランティアフェスティバルのポスター作りに協力したり，本やインターネットを用いて興味あることを調べたりする。	
7	総合	共に生きる心を育てよう⑥ 福祉体験学習 ○第1回と同じ体験でも違う体験でもよい。	○自分が学び取りたいことの「めあて」をしっかりもって学習に臨み，共生社会の実現に向けて自分にできることを見つけ出す。	2 (9/24)
8	学活	共に生きる心を育てよう⑦ ○車椅子バスケット交流の計画を立てよう(1)	○交流の意義を理解させるとともに主体的に取り組むために班で協力して事前体験を行なったり，ルールを予想したりする。	1 (9/26)
9	学活	共に生きる心を育てよう⑧ ○車椅子バスケット交流の計画を立てよう(2)	○車椅子バスケットのルールの意味について話し合うことを通して共生社会を作る上で必要なことを考える。	1 (9/30)

10	学活	共に生きる心を育てよう⑨ ○車椅子バスケットで交流しよう。	○共に学び助け合うことの大切さに気づき，それを実践していこうとする「共に生きる心」を育成する。	1 (9/30)
11	総合	共に生きる心を育てよう⑩ ○考えたことをまわりに発信しよう。	○単元全体を通して考えたことを文化祭で発表するために，まわりの人々に「伝えたいこと」をまとめる。	2 (10/7)

3 学級活動を通した人間形成

　この節では，「共に生きる心を育てよう」という単元の中心となる交流活動について報告する。

　この単元を計画する上で，教師側では，交流活動についていくつか希望をもっていた。

　○生徒および交流の相手が，お互い気を遣って疲れてしまうような場にしないこと

　○生徒が一方的に手伝う，何かをしてあげるのではなく，また，相手から一方的に学ぶだけでもなく，「一緒に何かをする」場にすること

　これらを考慮した結果，生徒にとってなじみの深い「スポーツ」を授業で取り上げたいと考えた。相手と本気で競い合うことは，人間として対等な立場に立ってこそ成り立つものであるし，また，一緒に楽しむことが，お互いに理解し合うことの第一歩ではないかと考えたからである。

　幸いにも，同じ市内で車椅子バスケットチームが活動しており，チームの代表者の方と話し合いを重ねて，授業の構想を考えることができた。チームの方からはこの授業を通して生徒に何を考えてほしいか，また，スムーズに授業を進めるためにはどのような事前学習の計画が必要かなどについても提案していただいた。

　ツインバスケットは，四肢麻痺の障がい者を対象に始まったスポーツであ

り，通常の車椅子バスケットに比べて障がいの重い人でも楽しめるように作られている。障がいの重さによって，シュートやドリブルの方法が異なっている。また，各選手の身体機能に応じて個人の持ち点があり，1チームの持ち点の範囲が決まっているため，障がいの軽い人ばかりではチームが構成できないようになっている。「このように，障がいの程度によって競技のなかにおける役割が異なってくるというルールの意味を考えることを通して，共生社会の理念を感じ取り，その感じを起点にして身の回りの社会のあり方に目を向けて考えていってほしい」というバスケットチームの方々の考えを中心に，以下のように授業を組み立てた。

(1) 題材名　ツインバスケット交流の計画を立てよう
(2) ねらい
　　○ツインバスケットのルールの意味を考えることを通して共生社会を作る上で必要なことに気づき，次時の交流の目的を考える。
　　○交流をより充実したものにするため，主体的な話し合い活動を行なう。
(3) 展開

	学習活動	教師の支援		
		T1＝学級担任	T2＝車椅子バスケットボールチーム	T3＝大学生
活動の開始	○これまでの学習を振り返り，今日の活動の目標をつかむ。 ツインバスケットのルールの意味を考え，交流の計画を立てよう ○自分たちが考えたツインバスケットのルールとなぜそう考えたかを確認する。	・学習の目的意識を高めるため，課題を短冊に書いて明確にし		

活動の展開	○実際のツインバスケットのプレーをVTRで見る。 ・設備面での違い ・ルールの違い ・選手ごとの違い	ておく。 ・自分たちでルールが発見できるような場面のビデオを用意する。		
	○講師の先生から，ツインバスケットの正式なルールを教わる。 ・チーム編成上のルール ・障がいの程度によるシュート方法の違い ・ドリブルの方法 ・反則の種類	・自分たちの考えたルールと正式なルールを比べて考えさせる。	・ルールの理解を深めるために，ポイントを書いた○×カードを用いる。	
	○ツインバスケットのルールの意味を考える。 ・何を重視しているか。 ・一人ひとりの違いへの配慮 ・障がいのある人が全員同じではないこと ・障がいに合ったスポーツの楽しみ方	・障がいにもいろいろな差異があることを班活動に参加して気づかせる。	・障がいにもいろいろな差異があることを班活動に参加して気づかせる。	・障がいにもいろいろな差異があることを班活動に参加して気づかせる。
	○ツインバスケットを共に楽しむための計画を立てよう。 ・チーム構成 ・係や役割分担	・配慮を要する生徒も参加し，意見	・生徒からの質問があれば答えて，	・活動がうまく進まない班を担当し

	○全員が楽しみ，意義ある交流にするにはどんなことを心がければいいだろう。	が述べられるよう支援を行なう。	話し合いが充実するよう支援する。	て話し合いをリードする。
活動のまとめ	○次時の交流活動にあたっての自分の目標を考えよう。 ○今日の学習の自己評価を行なう。 ○教師の話を聞く。 ・話し合い活動のよかった点・改善点を知る。 ・6校時の意義や目的をあらためて理解する	・各自の目標を発表させ，学習の成果を共有化することで，6校時への意欲を高める。		

4　生徒の反応および成果と今後の課題

(1)　生徒の感想

○ルールを教えていただいたとき，いろんな人のことをよく考えて作られているなあと思いました。一人ひとりに役割があると，みんなが楽しむことができていいなあと思いました。バスケットチームはやっぱり強かったです。負けてしまったけど，楽しかったです。いままでは，「障がい者」といわれたら意識してしまっていたけど，今回ツインバスケットというスポーツを通して障がいをもつ人と交流すると，とても自然に接することができました。
○バスケットチームの皆さんはそれぞれ程度も種類も異なる障がいをもっているけれど，このスポーツを一緒に楽しんでいる様子を見て，あらためて，障がいのある人もない人も，「皆平等」ということが伝わってきました。私がプレーしていると，チームの人が「行け！　ドリブルドリブル，がんばれ！」と励ましてくれて，とても楽しくできました。町で困っている人を見

かけたら,「手伝いましょうか?」と一言,がんばります。
○今回の体験は本当に楽しかった。私はバスケットが苦手だけど,ツインバスケットならその人の個性に合わせてルールがあるから,とても楽しむことができました。でも,それ以上に,障がいをもつ人と本気で戦ったことが心に残りました。本気で戦うことはとても楽しいし,心から交流ができるいい手段だと思いました。また,他のスポーツも一緒にしてみたいです。本気でやることは,楽しい!
○障がいの重さでルールやハチマキの色を変えることは,とても大事なことだと思いました。やっぱりみんな平等でやらないと楽しくないし,こういうルールがあるからこそ,チームが一致団結できるのだと思いました。私はあの後,車のなかを見せてもらいました。車椅子専用の座席はとても便利そうでした。この体験を通して,車椅子の方が身近な存在になった気がします。いままでは,どのように声をかければいいのかわかりませんでした。でも実際,車椅子に乗っている方に教えてもらって本当によくわかりました。本当にありがとうございました。

(2) 成果と今後の課題

　学級活動の授業の最後に,それぞれの班で交流試合に向けての目標を発表した。そのなかで,ある生徒が,「絶対,バスケットボールチームを倒す!」と発言し,チームの方々も「絶対負けません!」と返して教室が笑いに包まれる場面があった。授業後の研究協議のなかでは,参観してくださった先生方が,このやりとりを「学級活動として福祉学習が成功したことの何よりの証拠」として挙げてくださった。
　当初は「総合単元」という授業の設定の仕方についてわからないことが多く,戸惑いもあったが,道徳・学級活動・総合的な学習の時間などそれぞれの目標や特質を生かしながら活動を進めていった結果,一つのテーマに対してさまざまな視点から切り込んで学習を深めることができた。特に今回の「共に生きる」というテーマに関しては,一人ひとりの興味や関心を深めること,集団としてのあり方を意識すること,また,道徳面を高めていくことなどが有機的に関連してこそ,生徒たちが真に理解し,自分なりの考えをも

つことができるのではないかということが感じられた。今後も，目標やテーマに応じて，試行錯誤しながら実践を開発・実施していきたい。

第14章
幼稚園における道徳性の育成

■武井義定

1　はじめに

　幼稚園の保育の現場でも「こころの教育」の重要性が叫ばれている。「友だちと仲良くしましょう」とか，「いのちを大切にしましょう」と子どもたちはいわれ続けている。人として生まれて，人としてどのように生きていくのか，これらのことを幼児期に子どもたちに教えるのは容易ではない。
　筆者が園長をしているK幼稚園の入園案内パンフレットでは，保育方針を次のように説明している。

　　K幼稚園は……，幼いころから「いのちの大切さ」について，保育者と一緒にいろいろな体験を通して考えるように保育環境を整える努力をしています。……
　　たとえば「花の日」や「収穫感謝」の行事では子どもたちに「いのち」について次のような話をよくします。
　　「この小さな種は机の上や引き出しの中に置いたままで放っておいても，何も変わりません。ずっと小さな種のままです。しかし，この植木鉢の土に指で小さな穴を作って，そおっと種を入れて土のふとんをかぶせて，毎日お水をあげると，不思議なことに種がふくらんできて，芽を出し始めます。お日さまが植木鉢を暖めて，種の中で眠っていたいのちが動き出したのです。やがて朝顔はきれいな花を咲かせ，プチトマトも花が咲いたあとに小さな赤いおいしいトマトの実がなって，私たちを楽

しませてくれます。けれども，朝顔もプチトマトもやがては枯れて死んでしまい，再び土の中に帰ってゆきます。新しい次のいのちを宿した種を残して。園長はこのことをとても不思議だなあと思います。」こんなお話を子どもたちにしています。

　聖書に「わたしは植え，アポロは水を注いだ。しかし，成長させてくださったのは神です」（新約聖書コリントの信徒への手紙第一3章6節）という言葉があります。この言葉のなかには，いのちは人間の力だけで成長するのではなく，人間の力を超えた大きな力に守られて「育（はぐく）まれ生かされているのだ」という深い思いが込められています。

　私たち大人もかつてそうであったように，中学生のころになると，子どもたちは自らのいのちについて考え始めます。「なぜこの両親のもとに生まれたのか，何のために生まれたのか，何のために生きているのか」と考え始めた時，自分のいのちは受け身のいのちであることに気づきます。自分が望んだいのちではなく，家族や生きる時代があらかじめ決められており，そのいのちを自分で引き受けなければならないのです。

　「いのち」を無理矢理に「生きさせられている」のか，それとも恵みとして与えられたいのちに「生かされている」のか，どのように自分の「生」をとらえて生きるのかによって生き方は大きく異なってきます。「生かされている」という思いのなかに，自分と他人の「いのちの大切さ」は養われるのだと思います。

　子どもたちに「生きること」と「死ぬこと」を語ることは容易ではありません。しかし，必ず終わりがある「いのち」を私たち自身がどのように引き受けて生きているのか，私たちも自分自身に十分に答えを出し切れていない戸惑いと思いを子どもたちに語り，また子どもたちから教えられ，子どもと共に生きたいと思います。

　以上の理念に基づき，K幼稚園ではどのような保育の実践をしているのか紹介しながら，子どもたちとどのように向かい合う姿勢をもつのが望ましいのか，月ごとに主題を設定して考察をしてみたい。[1]

2　保育の実践

(1)　4月主題「出会う」

　4月の1か月間は，毎日のように子どもたちの泣き声が保育室のどこからか聞こえてくる。3年保育（年少組）の子どもたちや途中編入の子どもたちにとっては，親から離れてまったく新しい環境に入るのは不安であり，ときには恐怖である。自分の不安をどこに預けたらよいのかわからないので，ただひたすら泣くしかない。このような子どもに対して，教師はしっかりと抱きながら，「泣いてもいいのだ」というメッセージを送る。幼稚園は泣きながら登園してきても許される場所であることを教える。泣いている子どもたちは時間の経過とともに少しずつ幼稚園の雰囲気に慣れてきて，泣きながらチラチラと他の子どもたちがどんな遊びをしているのか見渡す余裕ができてくる。やがて泣くことよりも，もっと面白いこと，心が踊ること，つまり「遊び」があることを発見するようになる。不安で泣く子どもは，最終的にはその不安を自分自身で受けとめて克服しなければならない。幼稚園は不安をもっている子どもをそのまま全面的に承認し，受け入れる。泣くことを卒業して，その子どもの遊びは開始される。ときとして「泣かない子どもは強い子，よい子」という大人の価値観に縛られて，まったく泣かない子どもを見かける。そのような子どもの表情はいつも固い。泣くのを我慢している。泣かないことだけで精一杯で，遊ぶ余裕がない。しかし，そのような子どもも，やがては泣くことによって，自分の不安をありのままに表現することができるようになり，やがて遊びに夢中になる。その子どもは，泣いて初めて，「幼稚園のなかではありのままの自分でよいのだ」ということを確信する。

　出会いという新しい体験は，それぞれの子どもたちに大きなこころの変化と成長をもたらす。一人ひとりの子どもたちが，他人とは違う「自分」を発見し，表現できるように，現場での配慮が必要である。

(2)　5月主題「見つける」

　子どもたちの遊びは「見つける」ことの繰り返しである。砂場に穴を掘っ

て，そのなかに砂と水を入れる。スコップでかき混ぜているうちに，底が固いのを発見する。大きな葉っぱの裏に潜んでいる虫を見つけたり，プランターの底に群がっている蟻と団子虫を見つけたり，園庭の隅で泥だらけになっているお気に入りの玩具を見つけたり，自分のなかのイメージを膨らませながら，新しい世界を見つける。ところが，大人は，子どもたちが新しい世界を求めたり，見つけたりする前に，子どもの要求を先取りしてしまう。すぐに目新しい玩具を与えようとする。大人によって与えられた新しい刺激は，子どもたちが自分で見つけた刺激ではない。それゆえに一時的には満足するが，すぐに飽きてしまい，次々と新しい刺激を求めようとする。

　子どもたちは自分で欲しいものを探し求め，期待し，そして自分で見つけた喜びを大切にしていく。そして自分が嬉しいときに，その喜びを一緒に喜んでくれる存在を「友だち」と呼ぶ。

(3) 6月主題「やってみる」

　「やってみる」という主題は，子どもの可能性を信じて，子どもを前へと押し出していく素晴らしい言葉のように聞こえる。確かに「やってみる」ことによって子どもは成長する。ところが，「やってみる」という言葉の裏には，大人のもっている危険な押しつけの考え方が潜んでいるように思える。大人は「やれないこと」は「やってみる」ことによってできるようになるという前提で，子どもと接している。しかしながら，何度練習をしても鉄棒の逆上がりができない子どもがいるし，何度やってみてもプールの水に顔をつけることのできない子どもがいる。やがて，子どもたちは「やってみる」ことを諦める。そのような「やらない子ども」や「できない子ども」を周囲は叱咤激励したり，ときには叱ったりする。

　子どもは，自分を受け入れてくれ，いまは「できないこと」を承認してくれる相手を求めている。いまの自分を受け入れてくれて理解してくれる相手がいない場合，子どもには「やすらぎの場」はない。子どものこころのあり方を考えると，大人の叱咤激励にいやいやながらうながされて「やってみる」ことが素晴らしいことだと単純にはいい切れない。「やってみる」という言葉から子どもを見ていくときには，「何」を「誰」と「やってみる」の

か，両者の関係を大切にしなければならない。子どもは敏感で傷つきやすく，つねに助けを必要としている存在であることを念頭に置きながら，「何」を「誰」とやっているのかを見守りたい。

(4) 7月〜8月主題「たのしむ」

　子どもは「遊びの天才」であるといわれている。自分の身近な周囲からいろいろな遊びの素材を見つけてきて，何でも自分の世界に引き込んで，遊びへと発展させる能力がある。子どもが夢中になって遊びをたのしむためには，大人が干渉や邪魔をせずに，また手出しをせずに見守ることが大切である。

　この時期になると毎日蒸し暑い日が続くので，子どもの遊びの意欲が減退し，ちょっとしたことが喧嘩の原因になる。子どもが遊べないときには大人の声がけが必要となる。「さぁ〜，何して遊ぼうか」と声をかけると，子どものこころは安定し，遊びの意欲は回復する。子どもは夏は水遊びが大好きである。砂場に水を運んできて，泥だらけになって遊びだす。山や川，トンネル，落とし穴を作ったり，ときには泥をかけあう壮絶な戦いが繰り広げられる。頭も顔も，からだ全体が泥だらけになっても，平気で遊んでいる。大人もその泥遊びのなかに加わって一緒になって泥だらけになって遊んでいると，子どもからこころの許せる相手として承認してもらえる。こころも体も，すべて精一杯さらけ出して，子どもと子ども，子どもと大人は「友だちどうし」となっていく。

　7月の行事に年長組の「お泊まり保育」がある。子どもが毎日慣れ親しんでいる園舎で行なう。「お泊まり保育」は準備する側にとっては大きな行事であるが，子どもにとっては日常性の延長にすぎない。子どもたちはこころも体も大きくなったので，「お泊まり保育」をたのしむことができる。「お泊まり保育」のための，子どもの側の特別な準備は必要ない。おねしょをしても，不安を感じてもいいのであり，ありのままの自分の姿をさらけ出しながら，親と離れて，子どもたちどうしが一緒にたのしい一晩を過ごす。親が安心して子どもを送り出してくれれば，子どもは「お泊まり保育」をたのしむことができる。わずか一晩の経験であるが，子どもの内面の変化と成長は目を見張るものがある。子どもたちの大好きな友だちや大人（教師）と一泊す

るのであるが，背後にある自分を送り出してくれた暖かい家庭に支えられていることを知るとき，安心して幼稚園に泊まることができる。この安心感，安定感が子どもの生きていく土台となる。

(5) 9月主題「いっしょに」

　子どもは遊ぶために生きている。楽しく遊べるようになると，仲間ができて「いっしょに」遊ぶようになる。しかし，子どもたちのなかには，ひとり仲間から離れて「いっしょに」遊べない子どもを見かける。一人遊びが好きな子どももいるが，多くの場合は他の子どもの指示を待っているのである。指示されないと何もできないし，それまでは指示されたことだけをやらされてきたので，自分から何をしてよいかわからない。その原因の一つは，幼いときから強制力をともなった指示を受け続けて育ってきたことだと思われる。指示する側（大人）はつねに正しいことだけを指示しているという自信をもっているので，指示に従わない子どもを強制的に従わせようとする。そのため，子どもは自分の判断力を養う機会を少しずつ失っていく。大人のいう正しいことだけをやらされるのが日常性となっていく。

　自分の判断で決定した結果に生じた数多くの失敗や怪我によって子どもは成長していくのである。自分の判断で仲間をつくり，その仲間と「いっしょに」遊ぶ力をつける援助をすることが周囲の大人の役割である。

(6) 10月主題「とりくむ」

　子どもたちが物事にとりくむ方法は個性的であり，年齢・性別によって多種多様である。第一に「とりくむ」ことは熱中して夢中になることである。子どもが夢中になってとりくんでいる事柄に危険性がないかぎり，その事柄に善悪の判断を下すのは後回しにしたい。子どもの興味は時間とともに移っていくものである。せっかく興味をもった事柄に善悪の評価をしてしまうと，子どもは消極的になり，何事にも興味を抱かなくなったり，自分の思いを表現できなくなったりする。第二に「とりくむ」ことは継続して，やり遂げることである。興味の対象を理解すると，面白さに引きずられていく。「最後まできちんとしなさい」，「汚さないようにしなさい」，「後片付けをきちんと

しなさい」というような言葉は，夢中になっている子どものとりくみを壊してしまう。また誰か（教師・友だち・親など）と一緒にとりくむときには，内容に変化が生じてきて，面白さが増していく。第三に「とりくみ」は挑戦していく意欲を育てることである。子どもが何かに興味を示してとりくみを始め出すとき，最初から上手にできない場合が多い。できないことをどう工夫したらできるようになるかを子どもと一緒に考える。すでにできていることをもっと発展させようとする意欲を評価する。子どもの失敗を決して非難してはならない。

(7) 11月主題「気づく」

11月の幼稚園の大きな行事は収穫感謝祭である。子どもたちは家から野菜や果物をもち寄り，人間を超えた大いなるものからの豊かな恵みに気づき，感謝をささげる。自分の感謝の気持ちを表わす言葉は「ありがとう」である。お世話になったり，助けてもらったり，嬉しいことをしてもらったりしたときには，素直に「ありがとう」と感情を込めた言葉をいえる子どもであってほしい。「ありがとう」と感情を込めて礼儀正しくいえることは素晴らしいことであるが，その言葉に対して「どういたしまして」という言葉を返してもらいたい。自分のそばにいる友だちが何を望んでいるのか，何が不足しているのか，寂しいのかと，他人のことに「気づく」敏感な感受性をもってほしい。友だちを泣かした子どもに，場合によっては教師が「いま○○ちゃんはこんな気持ちよ」と，泣かされた子どもの気持ちを代弁することも必要である。幼児期において他人に対する感受性を敏感にしたり深めたりすることは，知的教育ではできないことである。「ありがとう」，「どういたしまして」という会話は礼儀作法の問題以上に，他者と感情を共有し合い，理解し合い，共に生きることへの「気づき」の言葉である。

(8) 12月主題「みちたりる」

プレゼントを沢山もらい，美味しいものを食べて，明るく，楽しく，笑い声が絶えない，というのがクリスマスのイメージとして定着している。しかし，聖書に書かれているイエス・キリストの誕生は，暗さと静けさと寒さに

包まれていた。誕生の場となった馬小屋は町のなかにあった。人口調査に登録するために，町中が人間で溢れていた。しかし，自分のすぐそばで起こった出来事に気づく人はいなかった。イエスの誕生を最初に祝うために訪れたのは，町から離れた野原で羊の番をしていた羊飼いだった。当時，羊飼いは人間として尊敬されない仕事であり，信用できない人間とされて，裁判の証人にもなれない存在であった。しかし，人間の評価では低い者が，神の評価ではイエスの誕生を最初に祝う者とされた。羊飼いは，イエスの誕生を祝った後に，ふたたび暗闇と寒さの現場に帰って行ったが，明らかに出発のときとは違った顔つきになった。羊の番は苦しく逃げ出したい仕事ではなく，羊飼いは羊を愛し羊とともに生きるみちたりた人間へと変えられていった。

　幼稚園では，こんなクリスマスの出来事が語るいろいろなメッセージを子どもたちに伝えている。子どもがみちたりた思いを抱くときは，周囲の大人たちから受け入れられているという実感をもつときである。

(9)　1月主題「工夫する」

　工夫して考えることは，子どもが自分の行動の選択の幅を広げることである。多くの場合，大人から子どもへの話しかけは，「だめ」，「はやく」，「ちゃんとしなさい」「じっとしていなさい」，「そこにいっちゃだめ」の連発である。禁止と指示の言葉の洪水のなかで子どもは育てられている。大人の言葉に素直に従う子どもを「よい子」と評価するのだが，子どもが大人に従順になったときには，その子どもは自分では何も考えない工夫しない子どもになっている。大人から何をいわれるのか，何を命じられるのかのみに注意力がいってしまうようになる。子どもは「愛されている」という実感によって，考え，工夫するようになる。なぜなら，愛されていることによって，待ってもらえるし，認めてもらえるし，何よりも直線的に成長するのではなく，ジグザグと遠回りをしながら成長することが許されている。子どもは周囲の大人たちを巻き込み，困らせながら，自分がどれだけ守られているのかを確認している。

(10) 2月主題「ともだち」

　子どもは人間と触れ合いながら育っていく。幼稚園の時期は言葉がまだまだ未成熟なので話し合いで解決することはできない。遊びが発達するにつれて，喧嘩が頻繁となるが，それでも，ともだちと遊ぶ楽しさを追っていく。言葉も乱暴で，汚く，大人たちを困らせることも多くなる。この幼稚園の時期に思う存分に遊ぶことが，子どもが人間として成長していくために大切である。ひとりで遊ぶよりもともだちと遊ぶことの方が楽しいことに気づくようになる。砂場に大勢で水を運んできて，砂場全体を海にして，川やトンネルを作って遊ぶことが好きになっていく。泥団子もともだちの真似をしながら，しっかりと作れるようになる。保育現場で，教師が一所懸命に教えたり指導したりしても，全然理解できずにやろうともしなかった子が，ともだちに言われたり教えられたりして，いとも簡単にやり遂げてしまうことさえある。子どもたちにとって出会うもの全部がともだちである。母親，父親，兄弟姉妹，教師，園児という人間はいうまでもなく，金魚，小鳥，カメ，ぬいぐるみを含め，みんな「ともだち」である。

(11) 3月主題「大きくなる」

　大人にとっての1年は，例年の繰り返しであるかもしれないが，子どもにとっての1年は新しい経験の積み重ねである。成人になるにつれて，「大きくなる」ことは限られた部分でしか評価されないし，実感もできない。勉強ができる，身長が伸びた，一流大学に入学した，一流企業に就職した，給料が増えた，地位が上がったなどの評価である。しかし，子どもの成長を限られた部分で評価するのは危険である。子どもたちは幼稚園のなかで試行錯誤しながら，迷いながら，ジグザグした毎日を過ごしてきた。喜んだり，悲しんだり，寂しがったり，傷つけ合ったりしてきた。子どもが「大きくなる」ことは，「他者を意識」する度合いが増すことであり，それゆえ，他者に自分をどれだけ投げ出せるかによって評価できるのではないかと思う。

　子どもは，まったく無防備に，無警戒に，自分の全存在を自分が信頼する他者に投げ出しながら生きている。そして，投げ出した自分を受けとめてくれる相手によって「大きく」されていく。学年の区切りごとに，子どもたち

がこんなにも「大きく」なったことを心から喜びたい。

3　道徳性の育成

「人として生まれて，人としてどのように生きていくことが望ましいのか」ということを教えるのが「道徳性の育成」であると考えるならば，根本のところは「子どもが周囲からどのように受け入れられているか」ということに尽きるだろう。

子どもたちにとって「生きる力の源」はなんだろう。それは，「自分がこの家に生まれてきたことが歓迎され喜ばれている，自分は親や周囲から必要とされている，大事にされている，自分のいいところも悪いところもすべてが受け入れられている」ということが親や周囲の大人たちから言葉や行動で繰り返し伝えられることである。

大人であるということは，人間として完成されているということではないし，子どもであるということは人間として未完成であるということではない。完成品である大人が，未完成品である子どもを育てることが「子育て」でもない。

大人が子どもと正面からかかわっていると，それまでもっていた人生観や価値観，あるいは曖昧のままにしていた問題の見直しを迫られることがある。だから，子どもがぐずったとき，泣いたとき，大人の思い通りにならなかったとき，イライラとしてしまったり，不安になったりする。しかし，イライラする，不安になるということは，それだけ子どもに真剣に向かい合っているということである。

子どもはときには手を焼くような行ないをして，周囲の親や大人を巻き込んで困らせる。そのとき，子どもは自分がどれだけしっかりと周囲から守られているのか確かめていることが多い。

新約聖書の言葉に「愛は忍耐強い。愛は情け深い。ねたまない。愛は自慢せず，高ぶらない。礼を失せず，自分の利益を求めず，いらだたず，恨みを抱かない。不義を喜ばず，真実を喜ぶ。すべてを忍び，すべてを信じ，すべてを望み，すべてに耐える」（コリントの信徒への手紙第一 13 章）と書かれて

いる。

　私たち大人は，子どもをこのように愛そうと努めてきたし，このように愛しているとっ思っているが，実は，子どもの方が大人をこのように愛してくれていることに気づかされる。子どもとかかわっていると，人と人が一緒にいて，言葉を交わして，心とからだが触れ合って，抱いて，抱かれて，とにかく人と一緒にいるのがホッとして，嬉しくて，気持ちがいいことを教えてくれる。

　大人が子どもと正面からかかわることができる期間，あるいは子どもが周囲の大人にかかわろうとする期間は限られている。やがて子どもは思春期を迎えると自立の準備を始め，大人の庇護から離れていく。自立の道は決して平坦ではないが，子どものころに周囲の大人がしっかりと守ってくれた記憶が，心強い支えと励ましになるのだろうと思う。

　「幼稚園における道徳性の育成」とは，子どもを取り巻く周囲の大人が子どもをどのように受け入れるのか，大人自身がどのような人生観や価値観をもって生きるのかということでもある。

（1）　月ごとの主題の設定は，社団法人キリスト教保育連盟発行『キリスト教保育 2004 年 4 月号』に準拠している。

第15章
障がいのある子どもが主体的に取り組むことのできる交流学習

■山内　望

1　はじめに

　本校の正門を入ると，「たくましく生きぬく力」と彫られた石碑がある。この言葉は，本校の教育目標を表わすとともに，「障がいに基づくさまざまな困難を改善・克服し，人として，また社会の一員として主体的に生きるための基本となる資質や能力を育む」という道徳教育のめざすものとも合致している。本校の道徳教育は，この目標に向かって「道徳の時間」を設けず，子ども一人ひとりの教育的ニーズに基づきながら，教育活動全般を通じて行なわれている。おそらく，知的障がい養護学校の道徳教育は，知的障がいの特徴や学習上の特性から，このような形で行なわれるのが一般的であろう。
　主体的に生きる力を育むためには，子どもが目的をもち，他者とよりよくかかわりながら自ら考え行動し自己肯定感を実感できるような，子ども一人ひとりに応じた主体的な生活を積み重ねていくことが大切である。
　そのような生活の一つの場として，交流学習がある。交流学習とは，一般的に，子どもたちが学校内の異学年の子どもたちや学校外のさまざまな人々とともに活動することを通して学ぶという形態の学習である。特に，環境的な要因から人とのかかわりが希薄になりがちな養護学校などに在籍している子どもにとって，対人関係を主とした社会性を学び，身につける場として，学校外の人々との交流は重要であると考えられている。また同時に，健常児・者に対して，障がいがある子どもへの正しい理解と適切な対応を求めることもねらいとされている。

交流学習は，現行の教育制度のなかで，その教育的な意義を広く認められているが，問題は，交流学習の場で障がいのある子どもの主体的な行動が引き出され，その子どもの育ちにつながるような取り組みがなされているか，ということである。本校中学部でも，遠足や田植え，稲刈りなど，以前から行事を中心とした交流学習を教育課程に位置づけてきた。しかし，本校の子どもの人や活動へのかかわりが受け身的なままであったり，楽しさを十分共有できなかったりなど，課題が残るものであった。

　これらの課題からいえることは，単発の行事中心の交流学習では本校の子どもの育ちにつながらないということである。そして，めざす交流学習のためには，次のようなことが特に重要であると考えた。

　○一定期間継続してかかわりの場を設ける
　○共通の目的をもち，共に創り上げたり，成し遂げていったりする活動内容にする

　本章では，このような考えのもとで取り組んだ同じ敷地内にある小学校の5年H組（40名）と本校中学部（18名）との交流学習の実践を通して，障がいのある子どもが主体的に取り組むことのできる交流学習のあり方や適切な支援方法を考えていきたい。

2　交流学習の概要（1996年6月-1997年7月）

　H組との交流学習の取り組みは，表1のようにⅠ期からⅣ期の4つに分けられる。また，H組の子どもや両校保護者への意識調査も随時実施して，実践の手がかりとした。紙幅の関係上，以下では主にⅡ期，Ⅲ期の取り組みを中心に述べていく。

3　「お楽しみ会」に至るまでの経過（Ⅰ期）

　交流学習当初，活動内容を設定する際に主に留意した点は，次の通りである。
　○形式的なことは最小限にし，本校の子どもが楽しいと感じる活動や頑

表1 交流学習の主な取り組み

月	1996/6	7	8	9	10	11	12	1997/1	2	3	4	5	6	7	8
直接交流	←―― I 期 ――→(※ 表2参照)					←II期→ 合同単元「お楽しみ会をしよう」		←III期→ お楽しみ会の発展「劇を発表しよう」				←――IV期――→ 合同単元「海へ行こう」・筏、食器、Tシャツ作り・人数均等4グループ			
			給食交流 ・・・・・・・・・・・・・・・・・・・・・・・・・・・→												
関連				意識調査1		意識調査2		本校教諭による啓発授業				意識調査1			

張っている活動に，H組の子どもが共に参加できるようにする

○肩に手を置いたり，手を握ったりするような直接体を触れ合う場面を設ける

○本校の子どもが安心して活動できるように，活動場所を本校とする

　このような考えのもと，**表2**に示すような活動に取り組んだ。なお，9〜10月は教育実習との関係で時間確保が難しいため，少しでも子どもどうしの意識が継続できるように，長期休業中に便りを出し合えるようにしたり，休憩時間に互いの運動会の案内（自作）を渡したりする活動を行なった。

　7月には，H組の子どもからの提案で，当初予定していなかった「小学校へようこそ」を，H組の子どもの計画・進行のもとに実施した。H組の子どもなりに工夫したゲームを体育館で行なったが，実際楽しむことができた本校の子どもはほんの一部であった。

　H組の子どもから予定外の活動を行なおうという声が挙がったことや，交流を終えての日記や感想文の内容から，6月中の活動が心の壁を取り払う第一歩になったのではないかと思われる。しかし，プールでの自由時間といったように，両校の子どもたちのかかわりの場を教師が設定していないときには，H組の子どもたちだけで集まっていたり，本校の子どもからのか

表2　I期の主な活動

月/日	主な活動内容
6/4	○「はじめまして」 ・音楽の授業にH組が参加
/24	○「一緒に製品を作ろう」 ・作業学習にH組が参加
/25	○「プールで遊ぼう」 ・3グループ対抗水中ゲーム大会
7/15	○「小学校へようこそ」 ・体育館でゲーム大会・出し物披露
18	○「暑中見舞いを出そう」 ・出し合う子どもどうし対面
9/20 10/4	○「運動会があるよ」 ・案内状作成，交換

かわりがほとんど見られなかったりなど，まだまだ両校の子どもたちの間には距離があることも実感された。

4　単元「お楽しみ会をしよう」の取り組み（II期）

(1)　取り組みにあたって

「お楽しみ会」は，例年本校の中学部全体で合同生活単元学習として取り組んでいるもので，当日を楽しみにしながら計画・準備段階からどの子どもも役割を担い，ダンスやゲームなどを行なうものである。本校の子どもにとって，目的や期待感をもちやすいこの活動をH組と一緒に行なうことにした。また，活動への意欲を高め満足感がより味わえるように，具体的な活動内容を考えたり，当日の進行などを行なったりする実行委員会を両校の代表12名（各校6名）で組織した。さらに，子どもどうしや教師がお互いのことを知り合うため，次のようなことも実施した。

　○日常的な交流場面として，食事や昼休みの時間を共にする給食交流（毎週1回）
　○互いに呼びやすい自作のニックネーム名札の着用
　○互いの学校に相手校の子どもの顔写真と名前などが入った掲示物を作

成・掲示

(2) 本校の子どもへの「願う姿」
　交流学習においては，子どもどうしの関係のなかで，友達の存在を意識しながら行動したり，思いや考えを自分なりに表現したりといった人とかかわる力を育てていくことが特に重要であると考え，本校の子どもに対して次のような「願う姿」を設定した。
　○活動に自分から取り組み，H組の子どもとともに活動を楽しんでほしい。
　○H組の子どもからの働きかけに応じたり，自分からかかわったりしてほしい。

(3) 取り組みの実際
① 活動形態および主な活動内容
　「お楽しみ会でやりたいこと」，「お楽しみ会までの交流の時間でやりたいこと」を実行委員会で話し合い，当日の発表を目標に劇作りに取り組む「劇班」と，毎時楽しい活動を共にする「お楽しみ活動班」（3グループ）の2つの活動班に子どもたちを分けることにした。班・グループ編成は，子どもの希望を尊重しながら，H組の子どもはほぼ均等に，また本校の子どもは一人ひとりの教育的ニーズをもとに，意欲や見通しをもって取り組むことができるグループに所属できるように多少調整して決定した。なお，劇班は毎時の活動母体を登場人物ごとに5グループとし，本校とH組の子どもの人数比をできるだけ同じにした。また，グループに1名は比較的H組の子どもとかかわりがもちやすい本校の子どもがいるようにした。活動形態および主な活動内容などをまとめたものが，**表3**である。
② 学習計画
　主な学習の流れおよび交流学習に関連する事項をまとめたのが，**表4**である。
③ 班ごとの取り組みと子どもの様子
　ここでは，7月の「小学校へようこそ」のゲームで集団から外れて参加で

表3　活動形態および主な活動内容

活　動　班	劇作り班 オリジナル劇「セロ弾きのゴーシュとガーシュ」	お　楽　し　み　活　動　班		
		音楽グループ	ゲームグループ	おやつ作りグループ
本校の人数（名）	12	2	1	3
H組の人数（名）	12	9	10	9
主な活動	・5グループに分かれ劇の創作や練習 ・準備物作成	・ダンスの創作 ・合奏の練習	・ゲームの創作 ・ゲーム ・準備物作成	・クッキー作り ・会食，他のグループに配る
お楽しみ会当日の活躍の場	・劇発表	・合奏発表 ・ダンスなどの進行	・ゲームの進行	・ビデオ発表

表4　単元「お楽しみ会をしよう」学習計画

主　な　学　習　内　容	単位時間	備　　考
		○　第1回実行委員会 ○　第2回実行委員会
1　お楽しみ会があることを知り，活動班に分かれる。	1	
2　班ごとに活動する。（主な活動内容は表3を参照）	11	○　給食交流開始 ○　意識調査1実施
※　毎時，交流の時間の初めに，全員で「ゲームグループ」が決めたゲームを行なう。		○　第3回実行委員会
3　お楽しみ会に向けて，踊りやゲームをする。 　○　実行委員からプログラム発表 　○　ゲーム，歌や踊りの練習	1	
4　お楽しみ会をする。	2	○　意識調査2実施

きなかったA子がいる劇班「ねこグループ」と，特定の教師にしか自分からかかわろうとしないB男がいるお楽しみ活動班「おやつ作りグループ」での取り組みについて述べる。
ア　劇班「ねこグループ」
　本グループはA子を含む本校の子ども3名とH組の子ども3名，計6名の女子の集団である。本校の3名は，比較的明るく活動に意欲的に取り組

める子どもたちである。ただし，A子は，大勢の前で発表することや自信がもてないことに対しては，過度に緊張して何もできなくなってしまいがちの子どもである。

〈「願う姿」を引き出すための支援〉

○本校の子どもが安心して活動できるよう，活動の母体をH組の子どもとの2人組とする。決め方は，本校の子どもが一緒に活動したい相手を選ぶようにする。

○子どもどうしでできるだけ活動できるよう，本校の子どもへの教師の直接的な働きかけは最小限にする。

○台詞や振り付けなどは，H組の子どもを中心としながら，実際に活動を共にするなかで子どもたち自身で決めるようにする。

○劇作りに興味をもって取り組めるよう，子どもが喜びそうな衣装を用意する。

〈活動の主な様子〉

グループ活動2回目のとき，A子はバス通学の際一緒になるH組の子どもをペアに選び，にこにこしながら横に座った。2人組で向かい合って踊りの練習をしている際，「うまくできたね」とほめられたA子が，抱きついていった。H組の子どもは少し戸惑った表情になったが，すぐに笑顔になった。少しずつ雰囲気がほぐれるなか，3回目，4回目では，活動の合間にA子がその場からいなくなったり，H組の子どもに探してもらうのを楽しんだりする姿が見られた。この行動は，行動それ自体はよくないものではあるが，行動の背景には「H組の子どもたちに注目されたい，かかわってほしい」という気持ちがあったと推測される。交流当初に集団から外れようとしていた行動とは，その意味が違う。H組の子どもからの温かな働きかけに支えられて，教師を介したかかわりではなく，自らH組の子どもとのかかわりを楽しみたいという意識の変容が確認できるという点においては，A子にとって大きな成長を意味している。本校の他の2名の子どもも，次第に教師よりもペアの相手を見ながら活動に取り組むようになってきた。

また，H組の子どもも本校の子どもが一生懸命練習する姿を見て，劇作りへの取り組みがより熱心になってきた。さらに，「上手にできているよ。

もう少し手を挙げたらもっといいな」など，本校の子どもを認め，さらに意欲を高めるような働きかけが自然にできるようになってきた。

イ　お楽しみ活動班「おやつ作りＢ男グループ」
　本グループは，Ｂ男とＨ組の子ども4名，計5名の集団である。Ｂ男は，身辺自立はできているものの，言葉を発することはなく，こだわりが強いため行動の切り替えができにくい面をもっている。自発的な人へのかかわりは同じクラスの特定の教師に限られ，その様子は「ウッ，ウッ」といいながら手を差し出し，追いかけられたり，くすぐられたりするのを楽しむ，といったことがほとんどである。これまでの交流場面では，Ｈ組の子どもからＢ男に対しての働きかけはほとんどなく，名前もはっきり覚えられていない状態であった。
〈「願う姿」を引き出すための支援〉
　○作るおやつを，短時間ででき失敗も少ないクッキーにする。
　○見てすぐに何をすればよいかわかるように活動の場を整えるとともに，毎時の活動の流れをできるだけ同じにする（場の構造化）。
　○毎時，Ｂ男とのかかわりの中心となるＨ組の子どもを決める。
　○教師は主にＨ組の子どもを支援し，できるだけＨ組の子どもがＢ男にかかわることができるようにする。
〈活動の様子〉
　1回目は，Ｈ組の子どもにとってクッキー作りが初めてということもあって，自分たちが活動することに集中してしまい，Ｂ男とかかわりをもちながら活動を進めることが難しかった。
　しかし，2回目になるとＨ組の子どもどうしで「Ｂ男にもやってもらおう」「Ｂ男くんごめんね」など，Ｂ男の気持ちを考えた言動が見られ始めた。Ｂ男もその働きかけに対して嫌がる様子もなく，また集団から離れることもなかったが，自分からかかわろうとする行動は全く見られなかった。そこで，3回目，4回目は，型抜きした生地をＢ男がＨ組の子どもに手渡しするという場面を設定した。Ｂ男は，何度か繰り返すことで活動の意味が理解でき，しばらくすると自分からＨ組の子どもに生地を差し出していた。また，活

動の途中で「ウッ，ウッ」とH組の子どもに手を差し出して，何かを訴えようとしている姿が見られ始めた。

H組の子どもの援助の仕方も，指さしをしたり物を手渡すなど具体的に伝えるような仕方に変わってきた。4回目が終わったときの感想を聞くと「最初は嫌だったけど，やっているうちにB男も自分たちと一緒だなと思い，嫌でなくなった」「B男は最初より自分たちに親しみをもってくれた」など，B男に好意的なものが多かった。

④ お楽しみ会当日の様子

お楽しみ会当日は，保護者の方にも交流学習の一端を見てほしいと考え自由参観日とした。本校の保護者9名，H組の保護者10名が参観に訪れた。

劇班や音楽グループの子どもたちは，多少緊張しながらも共に精一杯やろうとしていた。ゲーム大会の「手つなぎ鬼」のときは，おやつ作りで共に活動したH組の子どもが自分からB男と手をつなぎ，一緒に逃げている姿が見られた。カラオケ大会では恥ずかしがってなかなかステージに上がろうとしないH組の子どもに比べ，曲が終わってもまだ歌って踊っている本校の子どもの姿に大笑いしたり，座って見ている両校の子どもたちがふざけ合ったりするなど，楽しい時間を過ごした。

会の進行役は，A子とH組の子ども2名である。A子は，練習する時間がなかったにもかかわらず，プログラムを見ながら「次は〜です。おねがいします」と大きな声で会を進めていた。A子が生き生きと進行役を務められたのは，これまでの活動のなかで，H組の子どもと一緒に活動することの楽しさや自分が認められるという実感があり，自分への自信をもてたからであると考えられる。

(4) お楽しみ会を終えて

お楽しみ会に向けての活動が始まったころから，H組の子どもの日記のなかに本校の子どもの名前がよく出てくるようになった。そして，「初めは不安だったけど……」，「初めは嫌だったけど……」など，交流当初は「楽しかった・またやりたい」とただ漠然ときれいごとで終わっていたのに比べ，本音の部分が率直に書かれ始めた。このことは，活動を通して自分自身を見

つめ，以前の自分との心の変化に気づき始めたためであろう。

5 「お楽しみ会」後の取り組み（Ⅲ期）

(1) 劇作りの発展
　3学期に入ると，市内の小・中学校などに在籍する障がいのある子どもが一堂に会する「学習発表会」と小学校で行なわれる「5年生学芸会」で，前述の劇を合同発表することを目標に取り組んだ。劇班の子どもの配役はそのままに，お楽しみ活動班の子どものために新たに場面を加えて，練習を進めた。時間的な制約があったり劇を多少変更したりしたことにより，「お楽しみ会」での活動に比べると教師主導の部分が多くはなったが，子どもどうしが教え合ったり，かかわったりできるように働きかけた。
　特に大観衆の前で発表する学習発表会では，発表直前の舞台裏のピンとはりつめた雰囲気のなかで，気持ちを落ち着かすよう「がんばろうね」と両校の子どもたちが手を握り合っている姿も見られた。劇本番では，どの子もひたむきに精一杯活動している姿を見ることができ，そこには両校の子どもが一体となった姿があった。

(2) H組で実施した本校教諭による授業
　交流しているH組の子どもを見ると，活動を共にしたり，担当の教師が本校の子どもの特徴や性格などを伝えたりしていくなかで，接し方もよい方向へ変容してきた。しかし，12月に実施した意識調査2で，「他のグループの子どものことも知りたい」「同じグループだけど気持ちや接し方がわからない」など，知りたいことや戸惑いもたくさん出てきていた。そこで，事前にアンケート調査を行ない，現在のH組の子どもの気持ちをある程度把握した上で，本校の教師8名が2単位時間授業を行なった。
① 授業の目的
　本校の子どもの言動の背景にあるものに気づかせるとともに，それをどう受けとめ，かかわっていけばよいのかを考えようとする気持ちや態度を養う。
② 授業の実際

1時間目は，疑問に思ったことや困ったこと，またこれまでの経験でわかったことなどを発表し合った。また，「困ったことや知りたいこと」で名前が多く挙がった本校の子どもに関して，「なぜそのような行動をするのか」など具体的に教師が話す時間を設けた。
　2時間目は，H組の子どもが選択できる3つの課題別グループ学習を実施した。課題別の主な学習内容は次の通りである。
　○　課題①　障がいについて
　　　読み物資料「わたしたちのトビアス」を用いて，障がい児だけでなくまわりの家族の存在や心情面の変化について考えた。家族という枠組みの話を取り上げることで，自分に置きかえて考えたり，共に明るく生きようとするトビアスの家族の姿から「障がい」に対する考え方を学んだりした。
　○　課題②　言葉を話さない子どもとのコミュニケーションについて
　　　まだ話すことができなかった乳，幼児期に家族がどう接してくれたかを家庭で聞いてくるようにして，それを手がかりにしながら，言葉を話さない友だちとのかかわり方を考えた。その際，援助者―被援助者という意識に偏らないように，本校の子どもが自転車で登下校している姿や係活動の様子をビデオで見せ，よい面を認め合う関係へとつながるようにした。
　○　課題③　アンケートで多く名前が挙がっていた子どもについて
　　　本校の2名の子どもについて「いいなと思ったこと」「直してほしいと思ったこと」を家庭で書いてくるようにし，発表し合った。このとき，特に行動の背景にある気持ちに着目させることで，2名に対しての理解を深めた。
　授業後，感じたことやわかったことなどを書いて提出するようにした。各グループごとに担当した教師が，補足説明や間違って理解をしている部分を訂正した後，子どもたちに返した。

6　H組との交流学習を振り返って

　Ⅲ期に入ってから，本校の子どもたちが交流学習を楽しみにしている姿や，H組の子どもが昼休みに突然やってきて言葉を話さない子どもに優しく話しかける姿など，教師が設定した場面以外でも両校の子どもたちのかかわりが見られるようになってきた。このような姿は，交流学習の手応えを感じさせてくれるとともに，「障がいは人に存在するのではなく，人と人との関係のなかに存在する」ということをあらためて思い起こさせてくれた。
　本実践は両校が同じ敷地内にあるという恵まれた環境での交流学習であるが，障がいのある子どもが，大人ではない他者との関係のなかで，自己肯定感を感じ，主体的に取り組むことのできる交流学習の一つのモデルを示せたのではないかと考えている。正直，悩みながらの取り組みで，特に自閉症児や障がいの重い子どもに対しての活動設定や支援方法については課題が残された。本稿では述べられなかったが，その課題を踏まえて取り組んだ「作る活動」を中心とした単元「海へ行こう」（Ⅳ期）でも，なかなか課題のすべてを解消することは難しかった。
　このように，本校の交流学習はまだスタート地点に立ったばかりである。課題を抱えつつも，本実践で確認できたこと，またこれからも大切にしていきたいことをまとめておく。

　○年齢の差や障がいの有無にかかわらず，共に同じ目標に向かって体験を共有するような取り組みによって，互いに認め合える関係を築くことができる。
　○活動内容は，本校の子どもが「わかる・できる・楽しい」活動をベースに設定する必要がある。さらに，活動の母体を小集団化したり中心的にかかわるH組の子どもを決め継続的に活動したりすることによって，本校の子どもがいい表情でH組の子どもの働きかけに応じたり，自ら働きかけたりする姿が見られるようになる。
　○本校の子どもの変容は，H組の子どもの接し方で大きく違ってくる。H組の子どものよりよい接し方を引き出すためには，活動を共にする本校

の教師が，H組の教師との話し合いを重ねたり，活動や遊びのなかで積極的にH組の子どもにかかわったりすることで，H組の子どもを理解し信頼関係を築くことが大切である。

7　おわりに

　障害者基本法の一部を改正する法律が2004年6月4日に公布され，「教育」（新第14条関係）で「国及び地方公共団体は，障害のある子どもと障害のない子どもとの交流及び共同学習を積極的に進めることによって，その相互理解を促進しなければならない」（障害者基本法の一部を改正する法律案）旨が追加された。特殊教育から特別支援教育への転換がなされている時期に，あらためて交流学習の重要性が明確に示されたことはたいへん意義深い。

　しかし，「しなければならないから……」という発想で，適切な支援がないままの交流学習では，特に障がいのある子どもの育ちは期待できず，何の意味ももたないものになってしまう。「個別の教育支援計画」・「個別の指導計画」に基づいて，「この子どもの育ちに必要な学習」として交流学習をとらえ，主体的に取り組むことができるように支援の最適化を図っていくことが，われわれ現場の教師の責務であると考えている。

（本稿は「発達の遅れと教育　第485号」に掲載のものに加筆・修正を加えたものである。）

■参考文献

全日本特別支援教育研究連盟編『発達の遅れと教育　第466号』（日本文化科学社，1996年）。
位頭義仁『ちえ遅れの子どもの統合・交流教育』（教育出版，1979年）。
位頭義仁『交流教育の実際』（教育出版，1982年）。
小出進／宮崎直男『望ましい統合・交流教育展開のために』（学習研究社，1980年）。

第16章

教師が生きる道徳の授業
──「稲刈り」の失敗と「芋ほり」の成功──

■高山佳子

1 はじめに

　いま，小学校では，「人の話を聞くことができない子ども」「自分勝手にふるまう子ども」など，他者とうまくかかわることのできない子どもが増えてきている。その原因の一つとして，日常生活のなかで他者との出会いを通して自分を振り返る機会が少ないということが考えられる。子どもの内に他者とかかわろうとする意識（以下，他者意識と呼ぶ）を育むためには，子どもたちが他者と出会う機会を意図的に設定し，それを積み重ねていくことが必要だと思われる。
　そこで本章では，小学校と養護学校の子どもたちが2年間交流した事例を手がかりに，子どもたちの他者意識がどのように変わっていったのかについて，子どもたちの姿を解釈することを通して描き出したい。また，その過程で，子どもたちとともに変容する教師の意識も考察する。これを通して，子どもたちとともに教師もまた生きているような道徳の授業のあり方が見えてくるのではないかと考えられる。

2 小学校と養護学校との交流

　小学校5年生40名が2年間交流したのは，小学校に隣接する養護学校の中学部の生徒24名であった。実際の活動の概略は，表1の通りである。

表1　活動表

月	活動名（活動の流れ）
4	5学年「ともに生きようⅠ」 1　5年○組自己紹介 2　交流学習の打ち合わせ
5	3　家庭訪問
6	4　養護学校との交流はイヤだ？ 5　養護学校生とのはじめての出会い 6　合同の音楽の授業 7　名札を作ろう 8　一緒に遊ぼう・作ろう 9　交流給食をはじめよう 10　一緒にプールで遊ぼう
7	11　小学校へようこそ 12　養護学校生に暑中見舞いを出そう
9	13　運動会への招待
9・10	14　交流のブランク
11・12	15　合同でお楽しみ会をしよう
1	16　振り返り授業 17　交流給食 18　ときめき学習発表会
2	19　小学校の学芸会
3	20　養護学校の子どもの卒業
	6学年「ともに生きようⅡ」
4	21　おみやげを買ってきたよ
5～7	22　一緒に海（プール）へ行こう
10	23　稲刈りを一緒にしよう
11	24　芋ほりを一緒にしよう
1・2	25　交流を振り返ろう
3	26　卒業を見送ってくれた
卒業後	27　3年後の感想

3 小学校と養護学校の交流活動の実際

本節では，表１にある 23 から 25 までの活動を報告したい。なお，報告は小学校の教師である筆者の視点から書かれており，文中の「私」は筆者のことをさしている。

(1) 6年生10月「稲刈りを一緒にしよう」
【活動に満足する子どもと私】

稲刈りの日。子どもたちは，リュックに軍手と水筒を入れ，やる気いっぱいで農園に着いた。養護学校の先生から「稲を刈る，束にして結わえる，稲を運ぶ」の３つの作業を分担してやるように指示が出された。活動後の感想は，次の２つに分かれた。

〈子どもの感想〉
① 「はじめて」が楽しい，驚いた。
・ 稲刈りは初めてのことなのでドキドキした。やってみると楽しかった。
② 養護学校の子どもとの再会がうれしい，役に立った自分がいる。
・ 私たちのことを忘れていなかったのでうれしい。今度はもっと手伝ってあげたい。

【怒ってきた養護学校の先生】

子どもと私にとっては，とても楽しかった活動が，実は養護学校から見れば問題が多かったようだ。養護学校の先生が険しい顔でやって来て，「このような活動になるのなら，次に計画している芋ほりはやめたい」といわれた。

【おいしいところだけ】

稲刈りの活動に対する養護学校の先生の怒りは，小学校の子どもたちがボランティアと銘打ち，楽でおもしろい所だけ（つまり，最後の収穫だけ）をやってしまったことにあった。養護学校の先生から「「おいしい」部分だけ小学校の子がやってしまった」という言葉が出たとき，私自身深く考えさせ

られた。

【自他の思いの違いに気づく】
　怒りのおさまらない養護学校の先生に対して，小学校で学級内の話し合いをもち，次の芋ほりのことを相談したいと私はお願いした。子どもたちの話し合いしだいで，この交流は断たれてしまうかもしれない，とも思った。しかし，私が思い巡らせたようなことを子どもたちにも気づいてほしいと願った。
　翌日，交流をしたくないといわれた理由を伏せて，「夕べね，養護学校の先生が次の芋ほりはやめたいといってきたんだよ」と，できるだけ冷静に子どもたちに話してみた。
　全体的に，自分勝手な振る舞いが多かったことに気がつき，その反省をもとに芋ほりをしようというように話がまとまりかけていた。

【手伝ってやったのに】
　ところが，一人の子どもの発言でその場の空気が変わってしまった。「何で，手伝ってやったのに俺らは文句をいわれなくてはいけないのか」。これが口火となり「文句をいわれてまでしたくない」というような意見が主流になっていった。私は不安もあったが，しばらく子どもたちだけの話し合いに任せてみることにした。これまでの交流は私も子どもたちも楽しかった。この活動を続けたいという意見が必ず話の主流になって戻ってくるという確信めいたものがどこかにあった。

【自分へ向かう問い】
　これらの不満に対して，「Oくんたちの気持ちもわかるけど，やっぱり，それでも，私たちは自分たちのことだけしか考えていなかったよ」と一人の子どもが優しくいった。私は，この一言を取り上げて子どもたちに問い返した。他者に対してばかり向けられていた不満が，自分への問い返しとなっていった。

(2) 6年生11月「芋ほりを一緒にしよう」

　子どもたちは，芋ほりでは，計画段階から相手のことを思って活動するように心がけた。

〈子どもの感想〉

① 他者が意識されていない（自己満足，自信）
・ 前は騒いだけれど，今日は大丈夫でした。
② 他者をかすかに感じている
・ 稲刈りの失敗を繰り返さないように気をつけた。今回は一緒に楽しくできた。
③ 他者のよさを受け取っている
・ W君は，一個もイモを傷つけずにほっていたのがすごい。
④ 他者の喜びを受け取って意欲が湧く
・ 養護の子もうれしそうに食べていた。これからも気をつけて交流したい。
⑤ 他者のなかに自分がいること認識する（喜び，感謝，手応え）
・ Kちゃんの声を初めて聞いた。友だちになる方法がわかった。
⑥ 他者から驚きと喜びをもらった
・ にこにこ笑って「お芋がぬけたよ」といったMちゃんを見ると私もうれしくなった。
⑦ 他者のために役に立てた
・ 養護学校の先生から「ちゃんと交流できていたよ」という手紙がきてよかった。
⑧ 他者が変わったのは自分が変わったからだと自覚した
・ 悪かったところに気づかなかったら，私の気持ちが変わることもなかった。
⑨ 他者と時間や空間を共有した喜びを感じる
・ 一緒にほった芋がおいしかったことは覚えておいてほしい。
⑩ 他者と離れた後にも自分のなかに棲む他者
・ T君とわかれて学校に帰った。ぼくは，「T君，楽しかったかな」と思った。

これらの感想には，養護学校の生徒が登場している。一緒に活動したことから生まれた楽しさが伝わる。自分が他者との関係のなかにあるということに気づいたことが読み取れる。
　このように，失敗と思った活動について教師も子どもも悩み，そこから再び主体的に相手とかかわろうとしてきた。そこで，活動を振り返ることの大切さを感じ，最後に2年間の交流の振り返りをすることにした。

(3)　6年生1月・2月「交流を振り返ろう」──道徳の授業を中心に──
　子どもたちは，養護学校の子どもたちと出会い，かかわることによって自己を再構築するという経験をした。

【「自分にとっては」だけの振り返り】
　「養護学校の子どもたちとの交流活動はどうでしたか。」このような漠然とした問いかけで2年間の交流の振り返りが始まった。
〈子どもの感想〉
・　ぼくはいかだを作ったのがおもしろかった。
・　私は芋ほりが楽しかった。
・　私も芋ほりが楽しかった。焼き芋にしたのがおいしかった。
　感想は次々と出てくるが，それは「私だけ」の世界であり，話題は楽しいことに集中している。このような感想が一通り出尽くすと，一緒に活動するという楽しさを味わった子どもが友だちの感想に自分の感想をつけ足していった。徐々に，交流相手の名前が出始める。
・　お芋をほるとき，B君が途中で引っこ抜いて折ってしまったよ。

【「交流相手にとっては」の振り返り】
　自分たちに関することについてだけの振り返りから一歩出るために，次のような問いを投げかけた。
　「それじゃ，S君やSちゃんなど，養護学校の人たちはこの交流活動をどう思っているのかな」。
　この問いに対して，かなり手応えのある「間」を感じた。それまで反応の

よかった子どもたちのおしゃべりが止まった。
〈子どもの感想〉
・　養護学校の子もたぶん楽しかったと思うよ。笑っていたから楽しかったと思う。
・　そうかな。私たちと同じ気持ちかな。

　さっきまでのにこやかな空気が不安な表情に変わった。子どもたちは、相手の視点を想像し、そこからもう一度この交流を振り返ろうとし始めた。その活動を促進するために、子どもたちの疑問や感想を養護学校の先生に届け、答えてもらうことにした。

【養護学校の先生に聞いてみよう】
　養護学校の先生が小学校に来て、1時間の授業を行なってくださった。
　交流相手の言葉、お話のできない子どもの仕草や表情に出ていた気持ちの変化、お母さんから伝えられた養護学校の子どもの家での様子や彼らからのメッセージなどを説明してもらった。その過程で、私の印象に強く残る場面があった。それは養護学校の子どもが描いた絵を見たときのことである。養護学校の先生が、次のように述べた。
　「稲刈りの活動の後に描いた絵には、残念ながらみんな（筆者注：小学校の子ども）の姿を見つけることはできなかったけれど、芋ほりの絵にはみんなの姿がたくさん出ているよ。これを見てみて。」
　そういって、まず1枚目の絵（稲刈りの絵）を黒板に貼った。教室じゅうが静まりかえった。子どもたちの視線は次の芋ほりの絵に集中した。教室のなかの時間が止まった。
　「いる、いる。あの服はぼくらの体操服の色だ。」
　この言葉が止まった時間を再び動かした。私は、このような形で子どもたちの感想や質問に応えてくださった養護学校の先生の支援のすばらしさと、これまでの交流に感謝したい気持ちでいっぱいになった。

【もう一度「自分にとって」の振り返り】
　交流相手の思いを知った上で、あらためて交流を振り返ることにした。そ

の方法としては，自分の素直な思いを短歌形式の「はがき歌」で表現した。
　〈養護の子どもへ〉
・　養護の子　始めはすごくいやだったけど　今なら言える「またやりたい」
　〈養護学校のみなさんへ〉
・　気持ちさえあれば伝わるあなたの思い　あなたの笑顔はしあわせはこぶ
　〈S子さんへ〉
・　S子さん　うまく話はできないけれど　ちゃんと気持ちは伝わってるよ

　【他者との相互作用のなかでの振り返り】
　「はがき歌」を材料に，交流前の自分と交流後の自分に視点を当てて活動を振り返ってみた。

教師（以下，T）　みんなの気持ちが「はがき歌」として集まりました。たくさんの人の気持ちを動かしたのはどの歌だと思いますか。
子ども（以下，C）　ぼくは，「楽しかったね　一緒に食べた給食　また一緒に食べよう」だと思います。
C　私は，「養護の子　いつもやさしくおもしろい　これからもまた交流したいな」です。
T　どうして，その歌を選んだの。
C　ぼくの気持ちと同じで「楽しい」と書かれていたからです。
C　私のいまの気持ちとは違うけれど，はじめは「こわいな」と思っていたときがあったので選びました。
T　交流を続けてきて気持ちが変わったんだね。前の自分といまの自分とではどこが，どう違ってきましたか。
C　交流給食のとき，なぜか養護学校のスプーンでは食べたくなかったし牛乳も飲まなかった。「手つなぎ鬼」をしているときは，養護の子を避けてタッチしていたこともあった。いま，考えてみればものすごくひどいことをしていたと思います。
C　はじめて給食を食べるとき，養護の子はどんなふうにして食べるのだろ

うかと思っていた。すると自分たちと同じだと気がついた。
C　交流している養護学校の子とは仲良くなれたけど，障がいがある他の人とは，町で会ったらやっぱり怖いと思うかも……。

　子どもたちは，交流のはじめにはなかった言葉，すなわち「楽しい，大好き，うれしかった，うらやましい，やさしい，おもしろい」を発した。これを通して，自分の気持ちの変容に気づくことができた。

【最後は「自分」と対話】
　活動の最後は，交流をしてきたなかで思ったことを作文に書いてまとめた。
　「心の中のS子ちゃんへ」（子どもの作文から一部抜粋）
　　先生から交流するという話を聞き，とても不安だったよ。障がいという言葉が頭から離れず，どのように話そうか，遊ぼうか…（略）…この交流を通じて，私の心は温かくなったよ。だって，S子ちゃんのとびっきりの笑顔を見ているだけで私は勇気をもらえたもの。いろいろなことを教えてくれたS子ちゃん，ありがとう。

4　教師が生きる道徳とは

　4月，中学受験を控えた5年生の子どもたちを受けもった。子どもも保護者も，そして高学年を担任した私も，意識を一番大きく占めていたことは，受験のことであり，いかに学力をつけていくかであった。

　受験教科さえしっかりやっておけばよいと思うなかで，私は，年間カリキュラムに位置づいていた交流学習を「おまけ」のようにとらえていた。教科の学習に追われる子どもや私にとって，交流学習や道徳の授業は，「息抜きの時間になるのだろうな」ぐらいにしか考えていなかった。交流の日時さえ決まればよいと思い，行事予定表だけを手にして養護学校の先生を訪ねていった。

　ところが，「これまでのような交流なら，養護学校の方ではしたくない」と予期しなかった言葉が返ってきた。この言葉には，心底，驚いた。昨年の5年生と同じように交流をするのが当たり前だし，できるだろうと思ってい

た。「これまでのような」といわれても，私はいままでどのような交流をして，何が成果で何が課題であったのか，把握もしていなければ，考えてもいなかった。

　養護学校側が小学校と交流したくないという理由としては，養護学校生数十名が小学生120名と学期に1度ずつ行なうようなイベント的な交流では，養護学校の子どもたちが「見せ物」になるだけで，そこには何も生まれないとのことだった。

　初対面で，こうも無愛想に文句めいたことをいわれても……と最初のうちは反感すら覚えたが，とにかく年間カリキュラムにあるものを消化しなければという義務感もあり，黙って相手の話を聞くことにした。

　そのうち，私のなかで少しずつ養護学校の先生に対する気持ちが変っていった。養護学校の先生は交流に対して真剣であり，養護学校の子どもにとって小学校との交流学習がどのような意味や価値があるのかを深く考えていた。それに比べて，私は「人に出会わせれば，子どもは何かに気がつき，考えも少しは変わるだろう」ぐらいに甘く，軽く考えていた。そのことに気づかされたのである。「見せ物」という言葉の意味を私なりに受けとめながら，私も一度，真剣に交流学習の意味を考えてみよう，という思いが芽生えた。

　こうしてスタートした交流学習では，私自身が，養護学校の子どもと出会い，戸惑い，驚くということの連続であった。当初，頭に浮かんだ思いは「どう扱えばよいのだろう」というものであった。この表現にも表われているように，私のなかには子どもを一方的に「扱う」という意識があったのだと思われる。

　また，養護学校の子どもに対して違和感をもっていることを，相手にも学級の子どもたちにも悟られまいとし，こわばる身体を隠して，平気な振りで近づいていったり，笑顔をつくったり，手をつないだりしていた。そのころは，養護学校の子どもや学級の子どもたちに対して，虚像でもって接していたと思われる。このような私も交流を継続していくにつれて，子どもとともに変容していった。

　ところが，6年生の秋，稲刈り活動の後に，「こんな交流なら，次の芋ほ

りはしたくない」という言葉を返された。私にとっては2度目の驚きであり，交流を始めたころの「やりたくない」という言葉よりも大きな衝撃を受けた。活動を積み重ねて互いにわかり合えたと思っていた関係が，ここにきてあらためて問われるとは思いもしなかった。登り切った滑り台で，景色を見て満足していたところを，上から突き落とされ，滑り落ちていくような気分がした。

養護学校の先生の怒りの表情，「おいしいところだけ」という言葉，戸惑う私，「手伝ってやったのに」という子どもの発言……。学級の子どもたちと私が自分たち自身を見つめ振り返った話し合いは，いまでも私のなかで鮮明な記憶として残っている。

このように，体験を通して相手の立場に立ち，相手を思うという話し合いは，教師である私が子どもたちに外から与えた道徳の授業ではなかった。この話し合いのなかでは，私自身も子どもとともに状況に呑み込まれ，そのなかで悩み，考え，心を揺るがせ，そして再び新たな自分に気づいていくという過程を辿ったのであった。

人間形成をしていく上で，こうした2年間の交流が小学校の子どもたちにとってどのような意味をもつものだったのかを知りたかった。そこで，彼らが中学校を卒業する前，子どもたちにとってはすっかり過去のこととなっていたこの交流についてアンケートを取ってみた。

子どもたちから返ってきた感想を読んで，交流を通した道徳の授業がその子どもなりの成長や生き方に少なからずよい影響を与えたことをうれしく思った。ただし，障がいをもつ妹のいるA君の感想に，「陰で悪口などをいう人もいた。小学校高学年からこういう学習をはじめても意味はないと思う」という言葉があり，それは重く受けたいと思った。人と人が真剣にかかわることの難しさをあらためて考えずにはいられなかった。

子どもたちが成人したとき，またこの交流の意味について聞いてみたいと思う。そのときの，教師としての私自身の変容もまた楽しみにしている。

人名索引

ア 行

アガンベン（Giorgio Agamben） 112
アリストテレス（Aristotelēs） 20,21,51,52
石田衣良 110
伊藤博文 34,35
内田魯庵 33
梅棹忠夫 117-120
エピクロス（Epikouros） 22
及川平治 38

カ 行

川井清一郎 39
河村茂雄 163,164
カント（Immanuel Kant） 25,26
ギリガン（Carol Gilligan） 49
クップァーマン（Moshe Kupferman） 86
黒沢清 54
コールバーグ（Lawrence Kohlberg） 48-50

サ 行

斎藤環 111
桜井亜美 110
澤柳政太郎 38
シンガー（Peter Singer） 143,145
スピルバーグ（Steven Spielberg） 89
ゼノン（Zenōn） 22
ソクラテス（Sōcratēs） 16,18-21

タ 行

チェ・ゲバラ（Ernesto Che Guevara） 56,59
チャップリン（Charles Chaplin） 88
デミ（Jonathan Demme） 91
デューイ（John Dewey） 5,11,12
トルストイ（Leo Tolstoi） 84

ナ 行

根津八紘 140
ヌージャイム（Jehane Noujaim） 91
乃木希典 39
野村芳兵衛 38

ハ 行

バディウ（Alain Badiou） 104
ハーディン（Garrett Hardin） 147-149
ピカソ（Pablo Picasso） 82
樋口長市 39
ピコ・デラ・ミランドラ（Giovanni Pico della Mirandola） 23
ヒッチコック（Alfred Hitchcock） 84
ヒューム（David Hume） 64
深澤久 9
福澤諭吉 34
フーコー（Michel Foucault） 112
プラトン（Platōn） 51,52
ベートーベン（Ludwig van Beethoven） 84
ベンサム（Jeremy Bentham） 24,142,143
ホッブズ（Thomas Hobbes） 74

マ 行

三島由紀夫 50
宮沢賢治 141,142,144
ミル（John Stuart Mill） 24,142
ムーア（Michael Moore） 90
メイプルソープ（Robert Mapplethorpe） 96
元田永孚 34,36
森有礼 35,36

ヤ・ラ行

柳田邦男 136,137
芳川顕正 36
ライト（Richard Wright） 90,97
ル・ブラン（Christopher Le Burn） 86
ローリング（J. K. Rowling） 89

事項索引

ア　行

IT革命　11
悪
　　──のイメージ　100,101
　　──の輪郭　104-106
　　根源的な──　104,105
アタラクシア　23
アパテイア　22
『アメリカの息子』　90,91,97
『アラバマ物語』　90,91
『アンナ・カレーニナ』　84
生きる力　47,53
逸脱　103,104,114
遺伝子操作　11
インフォームド・コンセント　129
エトス(→エートス)　16
エートス　16
エピクロス派　22
欧化主義　34,35
往来物　32
お泊まり保育　193

カ　行

快楽主義　22-24
カウンセリングマインド　156
学習指導要領　8,10,11,43,45,70,83,95,141,153,155
学制　32-34
格率　26
『華氏911』　90
家族　134-137,140
価値項目　9
学級
　　──育成　170
　　──育成プログラム　163
　　──経営　159,162,165,168-170
　　──集団　163,169,170
　　──生活に対する意欲　163
　　──生活満足度　163

川井訓導事件　39
環境(問題)　11,132,146-149
慣習　15-17
感情　64-67,72,74,82,84-86,88,89
　　──を扱う能力　85
感性　83
期待される人間像　154
規範　103,114
基本的人権　43,45,95
Q-Uテスト　163
教育
　　──課程審議会　153,155
　　──基本法　45
　　──審議会　41
　　──勅語　35-37,39,41,154
　　──の逆コース　44
　　学校──法　45
　　感情の──　86,88
　　皇国主義──　41
　　新──　37
　　生活綴方──　40
　　大正自由──　37,38
　　第二次──令　35
　　中央──審議会(中教審)　154-157,159
　　天皇制──　36,39
　　特別支援──　160,212
　　プロレタリア──　40
　　臨時──審議会　155
教学刷新評議会　40
教学聖旨　34,35
共感　78,79
共生原理　28
共生社会　181,182,184
競争原理　28
共有地の悲劇　147
拠点校指導員　162
クリティカル・シンキング　123
車椅子バスケット　182-184
黒磯ナイフ事件　157
敬虔主義　26

啓蒙主義　26
劇　92,94,97
『ゲルニカ』　82,84
検定修身教科書　36
神戸児童連続殺傷事件(→酒鬼薔薇事件)　157
厚生労働省　139
公民科　43
公民教育刷新委員会　43
功利主義　23-25,142,143
交流　182-185,187,205,206,215-223
　——学習　200,201,204,208-212,214,221,222
　——活動　183,186,214,218
国体　41
　——明徴　40
国定教科書　40,41,43
国定修身教科書　11,36,38
国民科　41,43
国民学校　40-42
心の育成　157
心の教育　189
心のケア　156,157
こころの知性　85
『心のノート』　11
『コントロール・ルーム』　91

サ　行

『サイコ』　84
菜食主義　141,143,144
最大多数の最大幸福　24
サウサンプトン地方教育当局　85
酒鬼薔薇事件　106,110,113
支援の最適化　212
自己満足　74,75
自作資料　173,178,179
自然学　17
自然本性　20,27,28
しつけ　6
『実語教』　32
『実語教絵抄』　32
実践意欲　10
実践理性　95
『実践理性批判』　25
自分のため　63,74-79
社会科　43

社会規範　15,16
ジャックと豆の木　92
自由意志説　23
充実した生き方　82,84,95-98
修身　33,35,36,38,39,41,43,45,46,153
　——科復活問題　44
　——口授　33
集団　68-71
自由民権運動　34,35
習俗　15,16,18,19
主観主義　64-66
儒教主義　34-36
儒教道徳　34,35
種差別　143
出生前診断　130
障害者基本法　212
『商売往来』　32
情報社会　117,119
情報モラル　124,125
初任者研修　159,162
人格の尊厳　25
人権　84
『紳士協定』　90,91
心臓死　133,135
新中間層　37
『シンドラーのリスト』　89
心理的利己主義　73-80
神話的世界観　17
ストア派　22
生成　47,50-54,56-59
生活規範　15,16
正常性　112
生命　14
善　21
　——悪　64
　——と悪の境界線　109,111
　——の構想に関する能力　95
　最高——　21
戦争のない世界　28
臓器移植　134-136
総合単元(的)　94,158,187,188
相対主義(的)　70,73
ソーシャルスキル　163
ソフィスト　17-19,69

タ 行

体験　178,179
　　——学習　180
大正政変　37
代理出産　137-140
他者意識　213
ただ乗り　149
治安維持法　40
忠孝　35,40
朝鮮戦争　44
朝鮮特需　44
著作権　122
ツインバスケット　180,183-187
『罪と罰』　91
定言命法　26
寺子屋　31
東西の冷戦体制　44
道徳
　　——教育の研究　4,8,9
　　——(の)授業　6,8-12,46,92,159,160,163,
　　165-168,170,180,221,223
　　——性　25,28,85
　　——性の育成　156,159,198,199
　　——的規範　90-92,94
　　——的実践力　45
　　——的主観主義　63
　　——的性質　63
　　——的相対主義　68,69,71
　　——的(な)価値　82,90-92,94,171-173,
　　178
　　——的(な)心情　10,171,172
　　——的判断力　82,84,90
　　——哲学　16,23,25
　　——の時間　4,10,11,44,45,92,152-155,
　　158,159,165,166,200
　　——の指導資料　154
　　——(的)判断　64,66-68,89,90,92,94
　　——法則　25,26
　　　慣習(的)——　5,6,12,16
　　　反省的——　5,6,11,12
動物の権利　142,143,145
動物の福祉　143,145
徳　15,19,21
徳目(主義)　8,9,13
『ドローイング 1971』　86

ナ 行

内部告発　129
内面的自律　16
中野富士見中学いじめ自殺事件　157
『ニコマコス倫理学』　21
日米安全保障条約　44
人間学機械　112-114
人間と非人間　112
ネチケット　126,128
脳死(問題)　11,130,133-137

ハ 行

排除　104,113,114
『柱からでた考え』　86
発達　47-54,56-59
場の構造化　207
『ハリー・ポッター』　89
判断力　10
PTSD　51
『羊たちの沈黙』　90
美的なもの　82-84,86,88,89,95-98
人の死　134-137
人のため　74,75,77-79
『百姓往来』　32
『フィラデルフィア』　91
不気味なもの　106
福祉　181
　　——体験学習　180-182,187
不妊　137,138,140
文化　68-70,72,73
ベビーM事件　138,139
法律　16,19
ホモ・サピエンス　28
ポリス　17,18,21,22

マ 行

メディア・リテラシー　123
無知の知　19
『モダン・タイムス』　88
物語　89,90,92,111
　　——資料　10
　　——の形式をもった芸術作品　89-92,
　　97
模倣　51,52
モラル　15

ヤ　行

幼稚園指導要領　　83
よく生きる　　19,20,28
欲望　　102,104,106-108,111,114,115
善し悪し　　63
読み物資料　　152-154,159

ラ　行

ラザロ徴候　　135
理解不可能な（もの）　　108,110,111
利己的　　74-77
利他的　　74,75,77
理由　　66-68,75,77,78
良心　　149
倫理
　　――学　　5,16,20,21
　　医療――　　27
　　環境――　　27,45
　　情報（社会の）――　　12,27,45,129,130
　　生命――　　12,27,45
　　徳――学　　85
連合軍最高司令官総司令部（GHQ）　　43

■執筆者一覧 （執筆順。＊印は編者）

＊中戸義雄（なかと・よしお）奈良大学教授。まえがき，第Ⅰ部第 1 章

平野正久（ひらの・まさひさ）元日本大学教授。第Ⅰ部第 2 章

＊岡部美香（おかべ・みか）大阪大学准教授。第Ⅰ部第 3 章，第Ⅱ部第 10 章

久保田健一郎（くぼた・けんいちろう）大阪国際大学短期大学部准教授。第Ⅰ部第 4 章

丸田健（まるた・けん）奈良大学准教授。第Ⅰ部第 5 章，第 9 章

片山勝茂（かたやま・かつしげ）東京大学准教授。第Ⅰ部第 6 章

藤田雄飛（ふじた・ゆうひ）九州大学准教授。第Ⅰ部第 7 章

谷村千絵（たにむら・ちえ）鳴門教育大学准教授。第Ⅰ部第 8 章

西山比登美（にしやま・ひとみ）東温市立南吉井小学校教頭。第Ⅱ部第 11 章

高山佳子（こうやま・よしこ）松山市立さくら小学校教諭。第Ⅱ部第 12 章，第 16 章

菊川美保（きくかわ・みほ）今治市立北郷中学校教諭。第Ⅱ部第 13 章

武井義定（たけい・よしさだ）私立勝山幼稚園園長。第Ⅱ部第 14 章

山内望（やまうち・のぞむ）愛媛大学教育学部附属特別支援学校教諭。第Ⅱ部第 15 章

道徳教育の可能性
――その理論と実践――

2005年3月30日　初版第1刷発行
2019年10月19日　初版第12刷発行

編著者　中戸義雄
　　　　岡部美香

発行者　中西健夫

発行所　株式会社　ナカニシヤ出版
〒606-8161 京都市左京区一乗寺木ノ本町15
TEL　(075)723—0111
FAX　(075)723—0095
http://www.nakanishiya.co.jp/

© Yoshio NAKATO 2005（代表）　　印刷・製本　亜細亜印刷
＊乱丁本・落丁本はお取り替え致します。
ISBN978-4-88848-954-6　Printed in Japan

◆本書のコピー、スキャン、デジタル化等の無断複製は著作権法での例外を除き禁じられています。本書を代行業者等の第三者に依頼してスキャンやデジタル化することはたとえ個人や家庭内での利用であっても著作権法上認められておりません。

道徳教育論
―対話による対話への教育―

徳永正直・堤正史・宮嶋秀光・林泰成・榊原志保

子どもに「道徳」をどう教えるか。「道徳」授業をどう進めていくか。子どもと真正面に向かい合う「対話」による道徳教育のあり方を、理論から実践例まで交えて展望する。教育に携わるすべての人に。　二四〇〇円＋税

時代と向き合う教育学〔改訂版〕

竹中暉雄・中山征一・宮野安治・徳永正直

教育の本質・理念・目的や、「脳と教育」などの基本をおさえた上で、いじめ・平和・環境などにかかわる、現代の教育が抱える深刻な問題に正面から取り組んだ、時代に呼応する新しい教育学。　二五〇〇円＋税

教育学への誘い
〈佛教大学教育学叢書〉

山﨑高哉　編著

教育改革のうずの中で、現実のさまざまな問題にどう取り組めばよいのかの指針を示し、また教育のあり方を根源的に問い直した教職を目指す人や教育に関心を寄せている人のための教育学入門。　二四〇〇円＋税

教育的タクト論
―実践的教育学の鍵概念―

徳永正直

「教育的タクト論」に関する理論を中心に、「精神科学的教育学」の立場から、教育現場や教育実践と教育理論とのあるべき関係を探る。「教育の自律」や「道徳」授業改善の試み等についても論じる。　三六〇〇円＋税

表示は二〇一九年十月現在の価格です。